La perception

Mélanie Lacombe

La perception de l'intimidation par les jeunes qui la subissent

Éditions universitaires européennes

Impressum / Mentions légales
Bibliografische Information der Deutschen Nationalbibliothek: Die Deutsche Nationalbibliothek verzeichnet diese Publikation in der Deutschen Nationalbibliografie; detaillierte bibliografische Daten sind im Internet über http://dnb.d-nb.de abrufbar.
Alle in diesem Buch genannten Marken und Produktnamen unterliegen warenzeichen-, marken- oder patentrechtlichem Schutz bzw. sind Warenzeichen oder eingetragene Warenzeichen der jeweiligen Inhaber. Die Wiedergabe von Marken, Produktnamen, Gebrauchsnamen, Handelsnamen, Warenbezeichnungen u.s.w. in diesem Werk berechtigt auch ohne besondere Kennzeichnung nicht zu der Annahme, dass solche Namen im Sinne der Warenzeichen- und Markenschutzgesetzgebung als frei zu betrachten wären und daher von jedermann benutzt werden dürften.

Information bibliographique publiée par la Deutsche Nationalbibliothek: La Deutsche Nationalbibliothek inscrit cette publication à la Deutsche Nationalbibliografie; des données bibliographiques détaillées sont disponibles sur internet à l'adresse http://dnb.d-nb.de.
Toutes marques et noms de produits mentionnés dans ce livre demeurent sous la protection des marques, des marques déposées et des brevets, et sont des marques ou des marques déposées de leurs détenteurs respectifs. L'utilisation des marques, noms de produits, noms communs, noms commerciaux, descriptions de produits, etc, même sans qu'ils soient mentionnés de façon particulière dans ce livre ne signifie en aucune façon que ces noms peuvent être utilisés sans restriction à l'égard de la législation pour la protection des marques et des marques déposées et pourraient donc être utilisés par quiconque.

Coverbild / Photo de couverture: www.ingimage.com

Verlag / Editeur:
Éditions universitaires européennes
ist ein Imprint der / est une marque déposée de
OmniScriptum GmbH & Co. KG
Heinrich-Böcking-Str. 6-8, 66121 Saarbrücken, Deutschland / Allemagne
Email: info@editions-ue.com

Herstellung: siehe letzte Seite /
Impression: voir la dernière page
ISBN: 978-3-8417-8000-3

Copyright / Droit d'auteur © 2013 OmniScriptum GmbH & Co. KG
Alle Rechte vorbehalten. / Tous droits réservés. Saarbrücken 2013

Remerciements

Je tiens à remercier sincèrement les trois participantes d'avoir accepté de me confier leurs idées, leurs expériences et leurs opinions. D'avoir eu la volonté et surtout le courage de dire tout haut ce que plusieurs pensent tout bas. J'aimerais adresser un remerciement particulier à ma superviseure, Janik Bastien Charlebois, pour avoir cru en moi et en mes capacités ainsi que pour m'avoir toujours motivé à approfondir mes réflexions. C'est avec son support, son encouragement, son dévouement ainsi que son aide précieuse que j'ai pu réaliser ce mémoire. Je remercie ma famille de m'avoir toujours soutenue au cours de ma maîtrise, dans les bons moments comme dans les moins bons. Je tiens enfin à remercier du fond de mon cœur mon conjoint pour ses pensées positives, son écoute, sa patience et son appui continu.

Table des matières

Remerciements I
Table des matières II
Introduction 1
   Les effets de l'intimidation 1
   Réactions et attitudes des adultes face à l'intimidation 2
      Parents 2
      Intervenants scolaires 3
      Chercheurs 4
   Perceptions qu'ont les jeunes des attitudes et des réactions des adultes 4
   Question de recherche 5
   Objectif de recherche 5
   Pertinence pour l'intervention 6
   Pertinence pour la recherche 6
Chapitre 1 : Orientation de la recherche 8
   1.1 Cadre théorique en intervention 8
      1.1.1 Approche structurelle 8
      1.1.2 Approche psychosociale 9
      1.1.3 Approche écologique 9
   1.2 Perspectives théoriques sur l'intimidation 11
      1.2.1 Théorie de l'évolution 12
      1.2.2 Théorie de la domination sociale 13
      1.2.3 Théorie développementale 13
   1.3 Concept de l'intimidation 14
      1.3.1 Définition opérationnelle de l'intimidation 14
      1.3.2 Concepts clés entourant les acteurs de l'intimidation 15
   1.4 Motifs pour lesquels les jeunes se font intimider 16
      1.4.1 Race 17
      1.4.2 Poids 18
Chapitre 2 : Méthodologie 20

2.1 Approche générale : qualitative 20
2.2 Profil de l'échantillon 21
2.3 Outils de cueillette de données 21
2.4 Mode de recrutement : Passif 23
2.5 Les considérations éthiques 24
    2.5.1 La double stigmatisation 24
    2.5.2 Être entièrement volontaire 24
    2.5.3 Un lien entre la personne qui fait le recrutement ainsi que le participant 25
    2.5.4 Une confidentialité entière 25
    2.5.5 Vivre des inconforts émotionnels 26
2.6 Mode d'analyse des données 26
    2.6.1 Qu'est-ce que la théorie ancrée? 26
    2.6.2 Pourquoi la théorie ancrée? 27

Chapitre 3: Présentation des résultats 28
3.1 Perception des jeunes face à l'intimidation 28
    3. 1.1 Type d'intimidation 28
    3.1.2 Motifs de discrimination 29
    3.1.3 Profil psychologique des intimidateurs 30
    3.1.4 Processus d'intimidation 31
3.2 Effets de l'intimidation sur les victimes 31
    3.2.1 Effets émotionnels 32
    3.2.2 Effets sociaux 32
    3.2.3 Effets physiques 33
3.3 Perception des adultes face à l'intimidation 33
3.4 Stratégies d'intervention que les adultes préconisent 34
    3.4.1 Intervention 34
    3.4.2 Non- intervention 35
3.5 Stratégies d'intervention que les jeunes préconisent 36
    3.5.1 Stratégies d'intervention employées 36
    3.5.2 Stratégies d'intervention proposées par les jeunes 37
    3.5.3 Transformations désirées 37

Chapitre 4 : Analyse interprétative des données 39
  4.1 La perception des jeunes face à l'intimidation 39
    4.1.1 La définition 39
    4.1.2 Motifs pour lesquels les jeunes se font intimider 40
    4.1.3 Profil des intimidateurs 41
  4.2 Les effets de l'intimidation 42
    4.2.1 Effets émotionnels 42
    4.2.2 Effets sociaux 44
    4.2.3 Physiques 44
  4.3 Attitudes des adultes face à l'intimidation 45
    4.3.1 La perception des parents et des intervenants scolaires 45
    4.3.2 Perception qu'ont les jeunes des attitudes et des réactions des adultes 46
  4.4. Stratégies d'intervention que les jeunes préconisent 48
  4.5. Pistes d'intervention de l'approche écologique 48
  4.6. Limites 49
    Conclusion 51
Bibliographie 54
Annexe 1: Guide d'entretien pour les jeunes 59
Annexe 2 : Formulaire de Recrutement 65
Annexe 3 : Formulaire de consentement 67
Annexe 4 : Formulaire d'assentiment pour enfants 70

Introduction

L'intimidation existe depuis déjà très longtemps. Dans la littérature, tels que dans les romans «Oliver Twist» de Charles Dickens's, écrit en 1838, «Tom Brown's School Days», de Thomas Hughes, en 1857, ainsi que «Lord of the flies», de William Golding, en 1955, on retrouve plusieurs extraits qui illustrent ce phénomène (Olweus : 1999). Au sein de ces ouvrages, les victimes subissent de l'intimidation en raison de leurs différences physiques et celle-ci se manifeste surtout par de l'isolement et par des agressions physiques (Koo : 2007). Les enfants la reconnaissent comme faisant simplement partie de la nature humaine (Vaillancourt et al : 2008). Le passage du temps ne l'ayant pas effacé, l'intimidation est encore aujourd'hui une source de problèmes pour plusieurs personnes, dans la littérature comme dans la vie réelle.

Les effets de l'intimidation

De nos jours, cependant, les gens portent une attention particulière aux effets qu'entraine l'intimidation sur la vie quotidienne des jeunes. De nombreux chercheurs démontrent que l'intimidation peut avoir plusieurs conséquences négatives sur la santé physique des jeunes. Ceux-ci peuvent éprouver des maux de tête, des maux de ventre, des infections, de la nausée, de la fatigue, de l'étourdissement, un manque d'appétit et de l'insomnie (Rigby : 2002 : p.118). Qui plus est, l'intimidation peut également affecter la santé mentale des jeunes. Certains vont s'isoler des autres, développer des symptômes de dépression et d'anxiété ainsi qu'éprouver une diminution de leur estime de soi (Chodzinski : 2004; Rigby : 2002; Swearer: 2004 ; Sanders : 2004). Le suicide est l'ultime chemin que choisissent certaines victimes qui croient ne pas pouvoir mettre un terme à leur souffrance (Chodzinski : 2004 : p.46). Sur le plan de la vie étudiante, l'intimidation affecte leurs résultats académiques, leur sentiment d'appartenance à l'école, et augmente l'absentéisme des jeunes puisque ceux-ci vont régulièrement avoir peur de fréquenter le milieu scolaire. (Nishina : 2004; Rigby : 2002).

Afin de lutter contre tous ces effets négatifs, les chercheurs, parents et membres du personnel scolaire essaient de trouver des stratégies. À cet égard, les adultes vont tenter de comprendre ce qu'est réellement l'intimidation. Toutefois, ils ne vont pas, pour la plupart, avoir la même définition qu'ont les jeunes de ce phénomène. Ainsi, les messages et les stratégies qu'ils offrent aux victimes afin de contrer celle-ci vont généralement susciter de la confusion chez les jeunes (Mishna : 2004).

Réactions et attitudes des adultes face à l'intimidation

Il existe plusieurs types de réactions et d'attitudes face au comportement d'intimidation. Dans la littérature, les parents, les intervenants scolaires ainsi que les chercheurs sont les trois figures d'adultes qui tentent le plus souvent d'offrir des solutions aux victimes d'intimidation.

Parents

De leur part, certains parents vont croire que l'intimidation fait partie du développement normal de l'enfant (Mishna : 2004). L'attitude qu'ils ont face à celle-ci est la croyance que tous les jeunes vont passer à travers de cette période dans leur vie et que celle-ci les aidera à développer leurs habiletés sociales. Comme l'indique la mère d'une fille qui subit de l'intimidation, citée par Mishna (2004): « [I did not] want to embarrass [my] daughter by intervening and felt [I] should bite my tongue [so she] can learn for herself » (p. 239). Plus souvent qu'autrement, les parents ne se préoccupent pas de savoir si leur enfant est intimidé à l'école ou non et l'ignorent lorsque c'est le cas. Et parmi ceux qui sont au courant, soit parce qu'ils en ont été informés par leurs enfants eux-mêmes ou par le personnel de l'école, soit parce qu'ils ont pris la peine de s'informer, la stratégie la plus répandue qu'ils et elles offrent est simplement d'ignorer la situation (Mishna : 2004). Hazler (1996), un autre chercheur s'intéressant à la question, relève cette attitude non-interventionniste des parents qui est illustrée par le propos suivant d'un parent : « kids will grow up soft if they don't learn to deal with this kind of stuff » (p.2).

Intervenants scolaires

D'abord, les recherches démontrent que les enseignants ont beaucoup de difficulté à identifier une situation d'intimidation (Varjas: 2008; Holt: 2004; Mishna: 2004; Payne: 2004; Macklem: 2003; Pellegrini: 2001). Ensuite, ils ne font généralement rien pour briser le cycle de l'intimidation, malgré le fait que la moitié des victimes affirment que les enseignants ignoraient leur demande d'aide (Swearer et Doll, 2001). Certains enseignants ne considéraient pas ce phénomène comme étant un problème dans leur école (Pelligrini: 2001). D'autres sont d'avis que l'intimidation fait partie du développement normal de l'enfant. À titre d'exemple, une enseignante affirme que le: « bullying is part of growing up and [it helps] victims learn to deal with others who are controlling or manipulative » (Mishna: 2004: p.238). Mishna (2004) indique que les enseignants vont avoir tendance à blâmer la victime plutôt que l'intimidateur.

Pour ce qui est de l'intervention, la plupart des intervenants scolaires croient que l'intimidation physique est plus importante que l'intimidation verbale et sociale (Varjas : 2008; Mishna : 2004; Holt: 2004 ; Macklem 2003), ce qui contribue à ce qu'ils ignorent 71% des situations où elle se produit (Macklem: 2003). De plus, ceux-ci vont généralement travailler avec l'intimidateur plutôt qu'avec la victime (Macklem: 2003). En matière de stratégie destinée aux victimes, elles se résument aux deux suivantes : soit de confronter physiquement l'intimidateur, soit de l'ignorer et de s'éloigner de la scène. Comme l'indique Macklem, « they said that they felt they wanted children to learn to work things out themselves and deal with their own problems, wanted to discourage tattling, or they believed that the behaviors were natural » (2003: p.30).

Chercheurs

On retrouve, chez les chercheurs, deux grandes perspectives différentes sur l'intimidation. La plupart ont le réflexe d'appuyer sa définition sur celle qu'en ont les adultes. Cependant, un petit nombre d'entre eux sont sensibles à la perception qu'ont les jeunes de l'intimidation (Espelage : 2004; Mishna : 2004; Varjas : 2004). Là où ils se rejoignent, c'est dans la conviction que l'intimidation est un problème et qu'elle entraine des effets négatifs chez les victimes qui la subissent. Ainsi soulèvent-ils plusieurs pistes d'intervention et soulignent l'importance d'intervenir auprès des jeunes. Une des stratégies qu'ils suggèrent est de démontrer aux jeunes les bienfaits de dénoncer l'intimidation afin de briser le cycle de la violence. Ils conseillent de développer les talents et les forces de la victime ainsi que de lui apprendre comment se faire de nouveaux amis (Macklem: 2003). Ils considèrent également l'importance d'augmenter l'estime de soi de la victime afin de diminuer son anxiété.

Perceptions qu'ont les jeunes des attitudes et des réactions des adultes

Les jeunes estiment que ce sont les enfants les plus âgés et les plus forts qui vont blesser les plus jeunes et les plus faibles (Mishna : 2004). Ceux-ci vont définir l'intimidation comme étant un comportement ou des gestes verbaux, relationnels et physiques (Varjas : 2004). D'après eux, l'intimidation verbale se manifeste par des insultes, des menaces ainsi que des moqueries. Ces derniers caractérisent l'intimidation relationnelle par des rumeurs et la manipulation dans le cercle d'amis. Ils vont également considérer le fait de frapper, pincer, pousser et jeter des objets sur la victime comme de l'intimidation physique.

Les jeunes sont d'avis que la réaction des adultes est inefficace puisqu'ils n'interviennent généralement pas dans les situations d'intimidation (Doll: 2004; Ma: 2004; Payne: 2004; Macklem: 2003; Espelage et Asidao: 2001; Hazler: 1996). Certaines victimes soulèvent que ceux qui décident d'intervenir ne le font pas assez rapidement (Varjas: 2008). D'ailleurs, les jeunes ne veulent habituellement pas se confier aux adultes dans le milieu scolaire par peur que la situation s'aggrave ou bien simplement parce qu'ils ont perdu confiance dans les habiletés de protection des adultes (Espelage et Swearer: 2004; Mishna: 2004). Les victimes peuvent avoir peur de se faire encore plus intimider si elles décident de dénoncer les actes de violence aux adultes. Il est important de souligner que le manque d'efficacité en matière d'intervention de la part des adultes entraine plusieurs conséquences chez les jeunes dans la façon dont ils envisagent la demande d'aide. La première est que, ne se sentant pas écoutés, ils commencent à douter de leurs sentiments, ce qui les amène à cesser de demander de l'aide à un adulte (Mishna : 2004). La deuxième est de ne pas vouloir se confier parce que les victimes ont honte de ne pas pouvoir gérer la situation par elles-mêmes ainsi que de ne pas pouvoir la supporter émotionnellement (Macklem: 2003). La dernière, quant à elle, est d'en venir à avoir l'impression de ne pas mériter l'aide offerte par les adultes puisqu'on estime être incompétent et ne pas pouvoir répondre aux attentes de ces derniers (Macklem: 2003). En somme, si l'on se fie au témoignage des jeunes, les situations d'intimidation ne cessent pas de se reproduire puisque les adultes ne discernent pas bien l'intimidation et n'interviennent pas de façon appropriée.

Question de recherche

La question générale de recherche est : quel regard les jeunes âgés entre 8 à 13 ans portent-ils sur l'intimidation qu'ils subissent dans le milieu scolaire? Plus spécifiquement, cette étude vise à relever la façon dont ces jeunes décrivent le phénomène de l'intimidation, les effets de celle-ci sur leur vie quotidienne ainsi que les stratégies de réduction de l'intimidation qu'ils préconisent.

Objectif de recherche

Cette recherche a comme objectif principal de relever des connaissances plus près des réalités des jeunes qui subissent de l'intimidation. Il faut se rappeler que les connaissances dans ce domaine sont majoritairement construites à partir de la perception des adultes et non de celle des personnes ciblées. Ainsi, l'objectif principal de ma recherche est d'être à l'écoute de la parole des jeunes au sujet de l'intimidation qu'ils subissent. Plus précisément, elle vise à relever la perception que les jeunes ont de l'intimidation. Ceci implique notamment de recueillir les effets qu'ils lui attribuent, puis d'identifier comment ils aimeraient qu'on agisse à son égard.

Pertinence pour l'intervention

Cette recherche apportera un regard plutôt centré sur l'enfant que l'adulte pour pouvoir réellement comprendre la réalité et les besoins des jeunes intimidés. Ainsi, celle-ci va permettre aux victimes de partager leurs expériences pour qu'ils se sentent en retour valorisés et écoutés. Ils auront donc l'opportunité d'avoir du pouvoir et d'être des acteurs du changement. Par l'entremise des perceptions des jeunes, les écoles seront en mesure de mieux saisir ce qu'est réellement l'intimidation. Pour offrir des services efficaces et réalistes ainsi qu'établir un plan pour contrer l'intimidation, je dois d'abord et avant tout comprendre la réalité et les besoins des jeunes intimidés. À cet égard, Mishna appuie cette idée en affirmant que « increasing our understanding of the views of children (…) is key to developing effective interventions (2004: p.235). Les professionnels pourront donc comprendre davantage, suite à cette recherche, les besoins des jeunes intimidés ainsi que l'impact que l'intimidation a sur leur vie quotidienne. Enfin, avec les témoignages relevés dans cette étude, les adultes pourront créer de nouvelles stratégies d'intervention pour réduire l'intimidation dans les écoles afin d'offrir une éducation saine et assurer le bien-être social et académique de chaque étudiant.

Pertinence pour la recherche

Dans l'optique où la plupart des recherches étudient le côté de l'intimidateur, la mienne va développer, ne serait-ce que minimalement, le volet des jeunes qui sont intimidés. De plus, malgré l'avancement des connaissances dans le domaine, très peu d'études canadiennes francophones ont donné la parole aux jeunes intimidés. Cette recherche va donc apporter un regard plutôt centré sur l'enfant que l'adulte pour pouvoir réellement comprendre la réalité et les besoins des jeunes intimidés. Puisque ce sont eux qui vivent la situation et qui sont réellement les « experts », je dois, en tant que chercheure et intervenante, leur donner la voix pour qu'ils puissent briser le silence. Cette étude va donc pouvoir valider ou non ce que les chercheurs ont trouvé dans d'autres recherches empiriques sur l'intimidation afin de voir si les résultats concordent entre eux.

Chapitre 1 : Orientation de la recherche

1.1 Cadre théorique en intervention

Dans cette section, je présenter trois approches qui sont répandues dans le domaine du service social. Celles-ci sont pertinentes parce qu'elles permettent d'intervenir dans une vaste diversité de situations, y compris l'intimidation.

1.1.1 Approche structurelle

L'approche structurelle détient une grande importance dans le domaine du service social. Elle a pour but de démontrer aux gens que les structures sociales qu'ils fréquentent quotidiennement sont la source des problèmes qu'ils vivent (Adje van de Sande et al : 2002). Dans le domaine du travail social, l'objectif principal de cette approche est de modifier les structures de la société ainsi que d'accompagner la personne ou le groupe aidés à comprendre les inégalités sociales et la source de l'oppression dont elle ou il est victime. Comme le souligne Moreau (1987), l'approche structurelle se base sur cinq pratiques en matière d'intervention soit: « la matérialisation et la collectivisation des problèmes, la défense du client, la remise en question de l'idéologie dominante ainsi que l'augmentation du pouvoir du client » (p.228). Les intervenants qui favorisent ce type d'approche désirent transformer les structures institutionnelles et lutter contre l'oppression vécue chez des groupes sociaux (Adje van de Sande et al : 2002). Ils estiment que ce sont ces structures qui doivent changer et non les individus et les groupes qui doivent s'y contraindre. Selon Moreau, lorsque nous intervenons auprès d'une personne, nous devons toujours nous questionner par rapport à l'oppression qu'elle peut vivre face au racisme, au sexisme à l'âgisme et à son orientation sexuelle (1987 : p.230). Si nous voulons diminuer l'écart entre l'intervenant et la personne aidée ainsi qu'augmenter le « pouvoir sur la vie de [celle-ci] et favoriser l'acquisition du pouvoir dans ses rapports sociaux », nous devons mettre en pratique un concept clé de l'approche structurelle, celle de l'empowerment (Lévesque et Panet-Raymond: 1994 : p.29). Cette approche accorde beaucoup d'importance à la mobilisation collective afin de « démasquer le pouvoir, de dénoncer l'idéologie dominante ainsi que de nommer les sources d'oppression » (Lévesque et Panet-Raymond: 1994 : p.25).

1.1.2 Approche psychosociale

On retrouve le modèle psychosocial qui considère que les difficultés vécues par une personne peuvent être associées à plusieurs facteurs internes et externes. Bourgon affirme que « l'analyse de l'interaction des forces conflictuelles ou en opposition à l'intérieur d'une personne nous permet de comprendre la motivation humaine » (2000 : p.128). Cette approche se centre entièrement sur la personne comme telle et ne tient pas compte des liens qui peuvent exister entre elle et son environnement. L'intervenant social doit axer son intervention sur le potentiel et les forces de l'individu. Elle estime que la personne détient les ressources et les habiletés nécessaires afin de pouvoir résoudre par elle-même ses problèmes. Il est donc essentiel de « modifier et reconstruire la personnalité en vue d'améliorer le fonctionnement social de l'individu ou sa faculté de gestion de ses conflits intérieurs » (Bourgon : 2000 : p.129). Cette approche stipule que la personne a le pouvoir de faire les choix qui favoriseront son mieux-être tant et aussi longtemps que les intervenants lui offrent l'opportunité de le faire (Bourgon: 2000 : p.129).

1.1.3 Approche écologique

En 1979, le théoricien Bronfenbrenner a introduit une nouvelle notion d'échange et de relation entre les différents systèmes sociaux. Il considère que les comportements des individus sont liés à leur environnement et peuvent être influencés par celui-ci (Bronfenbrenner: 1979). Bronfenbrenner, comme les auteurs d'allégeance écologiste qui lui succèdent, considèrent que l'individu est au centre de plusieurs systèmes sociaux qui sont interreliés les uns aux autres. Ils estiment que celui-ci est influencé par les différentes sphères sociales dans sa vie telles que sa famille, ses amis, sa communauté, son travail, mais qu'il peut lui aussi influencer son environnement social. Ainsi, cette approche va davantage « insister sur la contribution environnementale que sur l'apport de l'individu dans l'étude de l'interaction de ces deux composantes » (Bouchard: 1987 : p.457). Plus précisément, ces sphères sociales s'inscrivent au sein de systèmes sociaux qui se déclinent en microsystème, qui est un endroit qu'il fréquente régulièrement tel que l'école, son milieu de travail ou sa famille; en mésosystème, qui est l'ensemble des liens existants entre l'école et la famille, le travail et la famille ou le travail et l'école; en exosystème, qui est la sphère qui influence indirectement l'individu par le travail des parents, la justice et les lois; en macrosystème, qui contient les normes, les valeurs et les croyances qui sont promues par la communauté dans laquelle demeure l'individu; puis en chronosystème, qui représente l'âge ou la durée des évènements dans la vie d'une personne.

Lorsque nous essayons de comprendre certains rapports sociaux, nous avons tendance à cibler l'individu comme étant la source du problème. Nous fermons nos yeux sur les multiples sphères sociales qui influencent la pensée et les comportements des personnes. Nous pouvons voir la même chose se reproduire en matière d'intervention puisque nous ciblons les symptômes du problème plutôt que la source comme telle du problème, ce qui ne permet pas de comprendre la problématique dans son ensemble. Il faut cesser de blâmer la victime et plutôt travailler sur la modification des sphères sociales qui sont à l'origine des difficultés vécues par celle-ci. Comme le souligne Espelage (2004), les jeunes sont interreliés avec les multiples systèmes sociaux et sont incapables de s'en séparer. Je partage l'idée que les réalités que vivent les jeunes, y compris l'intimidation, sont influencées par des facteurs extérieurs tels que la famille, la communauté et les pairs. En tant que travailleuse sociale, je m'appuie déjà beaucoup sur ce courant de pratique puisque je crois fortement dans l'inclusion des différents acteurs (enfant, parents, enseignants) en intervention afin d'obtenir les meilleurs résultats pour l'individu, ce qui devrait également s'appliquer pour contrer l'intimidation dans la vie des jeunes. Dans l'optique où ces derniers sont influencés par leur entourage, j'estime qu'il est important d'intervenir sur l'environnement social d'une personne plutôt qu'intervenir ultimement sur le comportement de la personne. Il est également plus facile de changer l'environnement que de changer un individu (Horne et Orpinas : 2003). Je postule alors qu'en raison de l'influence des différentes dimensions sociales sur l'individu qui est démontrée par cette approche, qu'il a de fortes chances qu'elle fonctionne ici également. Toutefois, je conserve une petite prudence en n'écartant pas la possibilité qu'une autre approche puisse être pertinente.

Si on applique cette approche à la thématique de l'intimidation, cela nous amènerait à poser un regard élargi sur la façon dont elle se déploie. Les jeunes qui intimident les autres vivent généralement des difficultés dans les autres sphères de leur vie, que ça soit à l'école, dans leur cercle d'amis ou à la maison (Espelage : 2004). L'approche écologique peut nous informer sur la problématique de l'intimidation que vivent plusieurs jeunes. À titre d'exemple, les pairs ou les témoins vont souvent être présents lors d'une situation d'intimidation. Ils ont donc le pouvoir de soit encourager et respecter l'intimidateur dans ses actions ou d'aider la victime en s'affirmant verbalement envers celui-ci. La famille peut également prôner des valeurs qui tolèrent des comportements d'intimidation ou même les transmettre aux enfants. Les enseignants et autres adultes qui supervisent peuvent aussi influencer la situation par le fait d'ignorer ce que les victimes ou les témoins leurs confient. L'école joue également un rôle important dans leur élaboration de politique concernant l'intimidation (Swearer et Doll : 2001).

1.2 Perspectives théoriques sur l'intimidation

Dans cette section, je présente trois théories qui viennent expliquer la nature de l'intimidation. Auparavant, celles-ci étaient couramment utilisées par les auteurs afin d'effectuer leurs constats, mais elles le sont moins aujourd'hui.

1.2.1 Théorie de l'évolution

D'après cette théorie, l'intimidation est considérée comme faisant partie de la nature humaine. Ainsi s'inscrirait-elle dans le développement naturel des enfants. Issue du darwinisme, elle décrit l'intimidation comme étant importante pour l'évolution de l'espèce humaine ainsi que pour assurer la continuité de la lignée des plus forts. L'éthologiste Konrad Lonrenz est un des auteurs qui a étudié le comportement agressif des animaux en lien avec le maintien d'une hiérarchie entre ceux-ci. En 1969, Lorenz a présenté trois avantages que peuvent obtenir les membres d'une espèce qui intimident continuellement les plus faibles (Rigby: 2002). Dans un premier temps, il soumet l'idée que les intimidateurs ont une meilleure chance de s'accoupler puisqu'ils peuvent empêcher les autres d'entretenir des relations sexuelles (Rigby : 2002). Un deuxième avantage est que l'intimidation contribue à maintenir la vitalité et la stabilité dans le groupe d'animaux (Rigby : 2002). Enfin, l'intimidation entre les animaux permet que les ressources naturelles telles que la nourriture ne deviennent pas exploitées par d'autres (Rigby : 2002).

Dans une de ses études, Lorenz a démontré qu'un groupe de rats avaient attaqué un autre rat qui était étranger à leur espèce (Rigby : 2002). Ainsi, l'intimidation se produit régulièrement par un groupe de personnes qui désire faire du mal à un individu qui est perçu comme différent. Rigby (2002), qui s'inspire de cette analyse, fait un lien entre les rats et un groupe d'élèves qui décident d'intimider une nouvelle élève ou quelqu'un qui décide d'étiqueter comme étant anormal. La théorie évolutionniste considère donc, en matière d'intimidation, que le: « bullying is good for us, and is the means by which we can, and sometimes do, protect ourselves from outsiders and preserve the purity of our group » (Rigby: 2002: p.22).

1.2.2 Théorie de la domination sociale

Cette théorie stipule que les humains sont prédisposés à créer des hiérarchies de domination sociale (Nishina : 2004). Selon certains théoriciens, celle-ci aide à diminuer les conflits dans un groupe ainsi que de mieux pouvoir se défendre et protéger les ressources de l'appropriation que pourraient en faire les autres espèces (Nishina : 2004). Pour faire le lien avec l'intimidation, les intimidateurs seraient haut placés dans la hiérarchie sociale et les victimes seraient plutôt à la base de celle-ci. C'est une des raisons pour lesquelles les intimidateurs décident de faire du mal aux personnes qu'ils perçoivent comme étant inférieur à eux. Les intimidateurs doivent maintenir une image de supériorité par rapport aux autres. De plus, l'agression envers les pairs aiderait l'intimidateur à se faire une place dans cette hiérarchie (Nishina : 2004). Celui-ci pourra donc être perçu par son entourage comme étant dominant et comme pouvant avoir une plus grande accessibilité aux ressources (Pelligrini : 2004). On suppose également que l'élimination de l'intimidation favoriserait l'instabilité de la hiérarchie sociale et l'inconfort chez les intimidateurs (Nishina : 2004). Ceux-ci essaieraient alors tout simplement de trouver de nouvelles façons d'intimider les autres afin d'établir des stratifications sociales dans le groupe (Nishina : 2004).

1.2.3 Théorie développementale

Cette théorie illustre l'importance de la présence et du rôle que jouerait l'intimidation à l'adolescence en raison de ses multiples transitions développementales (Pepler: 2006). À cet âge, les adolescents commencent à passer plus de temps avec leurs amis qu'avec leur famille. Ainsi, cette augmentation du temps passé avec les amis accroît également les possibilités de se faire intimider (Nishina : 2004). Cette même auteure rapporte de plus que les théoriciens développementalistes postulent que les jeunes commencent à établir leur statut social ainsi qu'à entrer en compétition avec leurs camarades de classe. Nansel (2001), quant à elle, démontre que le comportement d'intimidation est plus fréquent en sixième année et diminue au courant des années suivantes. Cette théorie estime qu'en raison des transitions développementales, la possibilité d'être la cible d'un intimidateur peut augmenter de façon significative lorsque la maturation pubertaire du jeune est différente de celle des autres (Nishina : 2004).

1.3 Concept de l'intimidation

Pour mieux comprendre l'intimidation, il est fondamental de présenter quelques définitions qui se retrouvent dans la littérature. Il est également essentiel de s'attarder aux concepts clés afin d'identifier certains des acteurs de l'intimidation.

1.3.1 Définition opérationnelle de l'intimidation

La définition qui se retrouve dans le plus d'écrits scientifiques est proposée par Dan Olweus (1993). Celui-ci indique qu'il y a trois grandes caractéristiques qui aident à définir ce qu'est l'intimidation. La première, c'est que la personne qui intimide doit intentionnellement vouloir faire du mal à une autre personne. Le comportement qui blesse un individu inclut non seulement les gestes physiques, mais aussi les gestes indirects et subtils tels que l'exclusion sociale, les rumeurs et les menaces. La deuxième, c'est qu'elle doit se reproduire à plusieurs reprises, ce qui signifie qu'une personne doit se faire intimider à « répétition ». Ainsi, si une personne traite de nom une autre personne qu'une seule fois, cette situation ne pourrait être catégorisée comme de l'intimidation. La dernière caractéristique qui peut définir l'intimidation est le fait que la victime doit être inférieure à l'intimidateur. La relation entre les deux personnes doit donc contenir un « déséquilibre de pouvoir ». Enfin, Olweus (1993) identifie deux critères pour différencier l'intimidation de l'agression, soit l'incapacité de la personne à se défendre en raison de son infériorité et la fréquence à laquelle la victime se retrouve dans une situation d'intimidation.

Dans la littérature, on retrouve également quelques autres définitions qui peuvent être intéressantes à envisager. D'une part, celle de Ken Rigby (1996), qui présente l'intimidation comme étant l'oppression répétée, psychologique ou physique, vécue par une personne inférieure à un groupe ou à une personne (cité dans Holmes et Holmes-Lonergan: 2004). Ainsi Rigby considère-t-il qu'elle comprend des gestes physiques et psychologiques. D'autre part, la définition de Griffiths (1997), pour qui l'intimidation consiste en des actes répétés de violence qui causent de la détresse chez la victime non seulement au moment où elle se fait intimider, mais également à travers le quotidien par la seule appréhension ou par la menace de futurs gestes d'intimidation (cité dans Holmes et Holmes-Lonergan: 2004). De plus, ces auteurs considèrent que l'intimidation comprend des gestes verbaux, physiques, sociaux et psychologiques. Personnellement, je préfère pour le moment m'abstenir d'adhérer à une de ces définitions puisque ma démarche vise à valoriser la parole des jeunes et à ajuster mes perspectives à celles qu'ils développent eux-mêmes. Ce n'est qu'après avoir recueilli leurs propos que je serai plus à même d'appuyer certaines définitions plus que d'autres.

1.3.2 Concepts clés entourant les acteurs de l'intimidation

La victime est un des concepts primordiaux employés pour discuter de l'intimidation. On peut la définir comme étant une personne qui est régulièrement ciblée, que ce soit physiquement, verbalement ou socialement, par une autre qui se trouve dans une position supérieure à elle, et devant laquelle elle est incapable de se défendre. Ensuite, il y a les intimidateurs qui sont des individus qui vont intentionnellement et régulièrement blesser une autre personne physiquement, verbalement ou socialement et qui sont habituellement supérieurs à sa cible que ce soit par sa taille ou son âge. Enfin, il y a les témoins qui sont les individus qui perçoivent une situation d'intimidation, mais qui ne sont pas directement impliqués dans celle-ci. Cependant, les témoins ont le pouvoir d'encourager l'intimidateur en riant de la victime ou en n'allant pas le dire à un adulte. Ils disposent également du pouvoir de briser le cycle de l'intimidation en dévoilant les actes de violence aux adultes ou en soutenant la victime.

1.4 Motifs pour lesquels les jeunes se font intimider

Certains jeunes vont exclure et rejeter une personne puisqu'ils vont la percevoir comme étant anormale. Rigby (2002) évoque cette position en partageant les propos d'un étudiant de 9e année : « Of course we bully him. He's not normal » (p.171). Plusieurs auteurs estiment que les caractéristiques physiques telles que la couleur ou le poids d'un jeune sont habituellement les motifs principaux derrière les actes d'intimidation qu'il subit (Larochette, Murphy et Craig: 2010; Rigby : 2002; Sweeting et West : 2001; Bernstein et Malcolm : 1991). Toutefois, certains auteurs tels que Dan Olweus (1993) ne sont pas de cet avis et avancent plutôt qu'il n'y a pas toujours un lien entre l'apparence physique différente d'une personne et l'intimidation. Nous présumerions en fait souvent à tort qu'une personne obèse qui se fait intimider est ciblée sur la base de son poids. Nous oublions généralement que plusieurs personnes ayant un surplus de poids ne vivent pas d'intimidation. Ainsi, il n'est pas toujours facile d'associer les différences d'une personne avec l'intimidation qu'elle peut subir.

Il y a tout de même une grande palette de formes de discrimination dont les jeunes peuvent être victime. Ceci comprend des caractéristiques psychologiques telles qu'être une personne introvertie, anxieuse et ayant de faibles compétences sociales (Ma: 2004); l'orientation sexuelle (Meyer : 2009; Torens-Gaud : 2009; Dorais : 2000), le genre (Sanders et Phye : 2004; Rigby : 2002), les situations de handicaps (Sanders et Phye : 2004; Rigby : 2002), le degré d'intelligence (Sanders et Phye : 2004; Rigby : 2002), l'apparence physique et la tenue vestimentaire (Sanders et Phye : 2004) ainsi que la classe sociale (Rigby : 2002). Je garde tout de même une certaine prudence au fait qu'il peut y avoir d'autres motifs de discrimination auxquels je n'ai pas pensé. Dans le cadre de ma recherche, je me concentre sur les deux motifs de discrimination qui ont été invoqués par les jeunes que j'ai rencontrés soit la race et le poids.

1.4.1 Race

L'intimidation raciale est définie comme tous les gestes et comportements qui vont intentionnellement discriminer une personne ou rendre celle-ci inconfortable ou marginalisée en raison de son association à un groupe racisé (Rigby : 2002). L'identité raciale peut être définie en terme de la race, de la couleur, de la nationalité et de l'ethnicité d'une personne (Rigby : 2002). À cet égard, le racisme est une des causes principales de l'intimidation (Larochette, Murphy et Craig: 2010; Fleschler Peskin, Tortolero et Markham : 2006; Sweeting et West : 2001). Les jeunes qui sont différents sur le plan ethnique vivent davantage de l'intimidation indirecte de type verbal (Fleschler Peskin, Tortolero et Markham : 2006; Rigby : 2002). Voici, à titre d'illustration, quelques exemples d'expériences vécues par des étudiants autochtones : « putting our race down, showing no respect for Aboriginal people, being singled out because you are Aboriginal, and just thinking we are all bad or something » (Rigby: 2002: p.182). Une autre étude démontre que des personnes blanches discriminaient des individus noirs en les traitants de noms racistes tels qu'« Abbo, Nigger and you black piece of dirt. (…) [They also see us] as inferior, at a primitive level of evolution and call [us] monkeys » (Ribgy: 2002: p.182).

De la même manière que pour d'autres situations d'intimidation, les jeunes ciblés par la discrimination raciale sentent également que les adultes sont injustes dans la façon dont ils gèrent les conflits (Rigby : 2002). Ces derniers ne comprennent pas toujours la gravité des conséquences que peut avoir l'intimidation psychologique sur les victimes. Ainsi, les jeunes de groupe racisés qui sont victimes d'intimidation ne se sentent pas supportés par les adultes puisque ceux-ci négligent leurs demandes d'aide. Dans ces situations, les jeunes autochtones ont l'impression qu'ils doivent utiliser leurs poings pour se défendre contre les blancs (Rigby : 2002). Enfin, nous pouvons comprendre que la notion du groupe est très importante quant au phénomène de l'intimidation. Lorsque tu n'as pas ta place dans un groupe social, tu es généralement perçu comme l'« outsider » en raison de tes traits physiques différents. « Victimization may be a process, beginning with labelling based on factors perceived subjectively by others as being removed from the norm » (Sweeting et West: 2001: p.242). Comme le constate Duncan, la norme constitue un principe fondamental d'organisation dans les écoles, la différence étant difficile à accepter (Duncan : 1999). Il est donc important de comprendre les différences de couleur, d'ethnie et de nationalité afin de mieux comprendre la réalité de ces jeunes.

1.4.2 Poids

Les jeunes qui ont un indice de masse corporelle plus élevé que leurs pairs courent plus de risques d'être ciblés (Janssen, Craig, Boyce et Pickett : 2004; Sweeting et West : 2001). Quant aux formes d'intimidation que les garçons et les filles obèses vont subir, elles peuvent être tout autant verbale, physique que sociale (Janssen, Craig, Boyce et Pickett: 2004; Sweeting et West: 2001). L'effet de cette intimidation sur les jeunes qui en sont la cible est clair: leur estime de soi diminue et ils se sentent davantage seuls, tristes et anxieux (Strauss : 2000).

Lerner (1978) propose un modèle afin d'expliquer le lien entre l'intimidation et le poids des victimes (cité dans Janssen, Craig, Boyce et Pickett : 2004). Il démontre que l'apparence physique joue un grand rôle dans la société d'aujourd'hui. Qui plus est, il mentionne que certains jeunes vont agir différemment envers une personne qui ne se situe pas dans les normes en raison des standards de beauté élevés qui existent dans la société (Janssen, Craig, Boyce et Pickett : 2004). Dans ses mots: « children characterize their overweight and obese classmates as individuals who get teased, (…) are selfish and mean which is entirely consistent with stereotypes associated with an overweight body build » (Janssen, Craig, Boyce et Pickett: 2004). Certains jeunes auront tendance à internaliser ces stéréotypes associés aux jeunes obèses et cela pourra susciter des comportements inappropriés qui sont conformes aux croyances négatives. Le surpoids d'un jeune pourra entrainer des situations d'intimidation et pourra également contribuer à l'accroissement des multiples difficultés qui sont reliées à l'image corporelle (Janssen, Craig, Boyce et Pickett : 2004).

Chapitre 2 : Méthodologie

2.1 Approche générale : qualitative

Une approche de recherche qualitative se veut de comprendre, faire ressortir le sens et interpréter un phénomène en tenant compte de la conception qu'accordent les personnes à ce dernier (Denzin et Lincoln : 2005). Selon Mayer, elle est utilisée pour « parvenir à une compréhension plus approfondie (…) d'une situation sociale et d'un groupe » (p.57-58, 2000) et ce, en suivant le fil de leur raisonnement. En contraste, l'approche quantitative se distingue par le fait de décrire et de mesurer différentes valeurs numériques telles que l'intensité, la fréquence ainsi que le nombre (Denzin et Lincoln : 2005). Cette dernière se veut d'analyser la relation entre différentes variables, plutôt que de comprendre un processus ou un phénomène (Denzin et Lincoln : 2005).

J'ai utilisé l'approche qualitative pour ma recherche puisque l'objectif de celle-ci est de mieux comprendre le regard que portent les jeunes sur l'intimidation. Je crois tout de même que ma recherche pourrait enrichir les études quantitatives. Étant donné qu'on écoute ce que les jeunes ont à dire, ces dernières pourraient s'en inspirer en effectuant une sélection plus judicieuse des variables pour ensuite faire une recherche à grande échelle. L'emploi de la recherche quantitative aurait limité ma recherche puisque les jeunes auraient été dans l'impossibilité de pouvoir développer leurs idées sur le phénomène de l'intimidation. L'approche qualitative donne l'opportunité aux jeunes de s'exprimer librement sans trop être contraints à des questions de type fermé. Puisque ce sont les jeunes qui vivent réellement la situation, en tenant compte de leur point de vue, nous pourrons les aider à retrouver le bien-être et la sécurité dans le milieu scolaire, un endroit propice à un développement sain et une éducation valorisante. En utilisant cette approche, l'estime de soi des jeunes pourront augmenter puisqu'ils se sentiront écoutés et impliqués dans la recherche. Elle permettra à ces derniers de se sentir valorisés en jouant un « rôle actif dans la recherche afin qu'il puisse enrichir les connaissances qui existent présentement dans la littérature (Freeman: p.173 : 2009).

2.2 Profil de l'échantillon

Cette étude avait un petit échantillon de trois filles âgées entre 8 et 13 ans qui ont été ou sont présentement victimes d'intimidation dans leur milieu scolaire. Suivant l'objectif de combler le manque de recherche francophone dans les écrits scientifiques, les participantes fréquentent une école francophone dans la région d'Ottawa. L'échantillon était limité à trois personnes en raison de la courte période de production de mémoire en service social ainsi que du temps limité pour effectuer le recrutement et les entrevues.

2.3 Outils de cueillette de données

Les données ont été recueillies par l'entremise d'entrevues individuelles semi-dirigées, qui consistent en une interaction verbale entre le chercheur et l'interviewé afin de partager leur savoir sur un phénomène qui les interpellent (Savoie-Zajc : 2009). Selon cette auteure, en utilisant l'entrevue semi-dirigée, le chercheur « se laissera guider par le rythme et le contenu unique de l'échange dans le but d'aborder, sur un mode qui ressemble à celui d'une conversation, les thèmes généraux qu'il souhaite explorer ». Les entrevues semi-dirigées permettent « de rendre explicite l'univers de l'autre », c'est-à-dire que les chercheurs peuvent entendre une personne livrer en détail son expérience et ses émotions dans l'ensemble de la problématique (Savoie-Zajc : 2009 : p.342). Celles-ci « visent la compréhension du monde de l'autre » (Savoie-Zajc : 2009 : p.342). Comme le souligne Mayer (2000), « ce type d'entrevue se prête bien aux recherches visant à circonscrire les perceptions qu'a le répondant de l'objet étudié, les comportements qu'il adopte, les attitudes qu'il manifeste » (p.120). Les entrevues semi-dirigées comportent également une « fonction émancipatrice » puisqu'il y a une possibilité qu'elle entraine une « prise de conscience et des transformations chez les participants à la recherche (Savoie-Zajc : 2009 : p.343). Plusieurs recherches démontrent l'utilité d'utiliser ce type d'instrument de mesure auprès des enfants puisque, comme le mentionne Varjas (2008), « semi-structured interviews may provide in depth understanding about children's perceptions of bullying » (p.102). En contraste, l'entrevue dirigée se distingue par une « série de questions fermées formulées à l'avance. (…) Le degré de liberté est très réduit (…) puisqu'il n'y a pas de place pour l'expression d'idées qui sortent du cadre des choix de réponses proposées » (Mayer : 2000 : p.121).

J'ai sélectionné l'entrevue semi-dirigée puisqu'elle a permis d'obtenir la perception des jeunes victimes d'intimidation. Malgré le cadre semi-dirigé qui comporte un certain encadrement, un espace pour laisser la place aux jeunes de s'exprimer librement sans trop être contraints par leurs parents ou professeurs, avec leurs présuppositions et leurs catégories préétablies a été fourni (Mayer : 2000 : p.120). Les entrevues individuelles semi-dirigées ont également été privilégiées afin d'éviter le risque de stigmatisation et de jugement qui pourrait avoir lieu si l'entrevue de groupe avait été la méthode avantagée. Ce type d'entrevue comporte un potentiel d'émancipation individuelle auprès des jeunes victimes d'intimidation qui ont participé à ma recherche. En se sentant valorisés par l'écoute qui a été apportée à leurs propos, ces derniers ont pu ressentir une certaine libération, car ils pouvaient finalement exprimer leurs réalités sans être inférioris és par les adultes et les autres étudiants. De plus, ils pouvaient prendre conscience que l'intimidation n'est pas un problème individuel, mais qu'elle est influencée par certaines conditions sociales.

Je me suis appuyée sur un guide d'entretien lors des entrevues semi-dirigées (annexe 1). Celui-ci a permis de recueillir le regard des jeunes qui ont subi de l'intimidation sur trois thèmes, soit la définition de l'intimidation, les effets de celle-ci, ainsi que les stratégies préconisées par les victimes.

Toutefois, il n'était pas rigide puisque les questions ont été adaptées en fonction de ce que les jeunes affirmaient. Je tenais à être sensible et réceptive à ce que les jeunes me partageaient.

2.4 Mode de recrutement : Passif

Le recrutement pour ma recherche a eu lieu à une école secondaire publique dans la région d'Ottawa. Les membres du personnel tels que les enseignants, la direction et la travailleuse sociale ont ciblé des jeunes qui subissaient de l'intimidation. Par la suite, la travailleuse sociale a remis aux jeunes qui ont été identifiés un formulaire de recrutement dans une lettre scellée (annexe 2). Ce formulaire, qui a été rédigé en français, présentait une description du projet, les répercussions de l'implication des participants, ainsi que les coordonnées de la chercheure.[1] S'ils souhaitaient participer, les parents avaient l'entière liberté de contacter la chercheure par le biais d'un appel téléphonique. Cet appel téléphonique permettait à la chercheure de clarifier certaines informations si les parents avaient des questions ou des inquiétudes. Suite à l'appel téléphonique, si le parent consentait que son enfant participe, un formulaire de consentement et d'assentiment était envoyé. Le formulaire de consentement a été placé dans une enveloppe scellée et a été envoyé à la maison avec l'enfant (annexe 3). Par la suite, les parents ont pu retourner le formulaire de consentement signé à la chercheure à l'école en le remettant à leur enfant.

En raison du temps limité, les cinq premiers jeunes qui étaient intéressés à participer et qui avaient remis le formulaire de consentement signé par leurs parents ont été sélectionnés pour la recherche. Cette information était bien visible sur le formulaire de recrutement. Suite au recrutement, j'ai obtenu le consentement des parents de trois participantes.[2]

---

[1] Il est possible que certains parents n'aient pas bien compris le français. Cependant, en raison du temps limité et du manque de ressources, j'ai été dans l'impossibilité de faire la traduction des formulaires.
[2] Le formulaire de consentement qui était remis aux parents spécifiait que l'enfant devait être confortable de participer et pouvait en tout temps quitter ou décider de ne pas répondre à une question, sans aucune conséquence. L'obtention du

2.5 Les considérations éthiques

Le Comité de déontologie de la recherche sur les êtres humains de la faculté des sciences sociales de l'Université d'Ottawa ainsi que le Conseil des écoles publiques de l'Est Ontario m'a accordé la permission de faire ma recherche. J'ai donc considéré les aspects éthiques que pouvaient rencontrer les participantes lors des entrevues, que je reprends dans cette section.

2.5.1 La double stigmatisation

Les jeunes pourraient rencontrer une double stigmatisation en participant à la recherche. La situation pourrait s'aggraver si les autres élèves réalisent qu'ils participent à une étude sur l'intimidation. Pour éliminer ce risque, l'entrevue a été faite dans un local privé où les autres ne pouvaient pas entendre les propos du jeune afin de conserver la confidentialité et de réduire le risque d'être jugé.

2.5.2 Être entièrement volontaire

Un enjeu éthique concerne l'approbation du parent à ce que son enfant participe dans la recherche. Certains parents pourraient imposer leur perception sur leurs enfants en affirmant que ça serait bien pour lui de participer. Pour minimiser ce risque, il était clairement indiqué sur le formulaire de consentement et d'assentiment que le jeune avait le droit de refuser sa participation à la recherche même si ses parents acceptaient qu'il participe à celle-ci.

---

consentement libre et éclairé des jeunes étaient également effectués à l'aide d'un formulaire d'assentiment qui a été révisé avec la chercheure afin qu'ils comprennent clairement leurs implications et leurs droits en tant que participants (annexe 4). Le formulaire d'assentiment a été pré-testé auprès de deux enfants âgés entre 8 et 13 ans afin d'assurer qu'il soit au niveau de langage des jeunes et les modifications requises y ont été apportées.

2.5.3 Un lien entre la personne qui fait le recrutement ainsi que le participant

Un autre enjeu éthique est que les intervenants n'exercent aucune influence sur les jeunes ou que les jeunes ne se sentent pas contraints à participer parce qu'ils ne sauraient dire non à une figure d'autorité qui est en relation d'aide avec eux. Pour diminuer ce risque, j'ai employé la méthode d'un recrutement passif. Ainsi, les jeunes et leurs parents ont eu l'entière liberté de me contacter ou non par le biais des coordonnées qui était présentée dans la lettre de recrutement. La travailleuse sociale a indiqué aux jeunes d'ouvrir la lettre à la maison. Celle-ci indiquait que l'enfant devait désirer et être entièrement confortable de participer à la recherche. L'enfant pouvait également en tout temps refuser de participer à l'entrevue ainsi que de quitter l'entrevue sans aucune conséquence. Ainsi, dans la lettre de consentement, le parent acquiesce à ce que le jeune ait la liberté de quitter en tout temps l'entrevue.

2.5.4 Une confidentialité entière

Si la confidentialité consiste en somme en la non-divulgation d'informations permettant d'identifier certains répondants, elle doit tout de même être assurée par différentes mesures. Dans le cas qui me concerne, la première a été de rencontrer les jeunes dans des endroits et à des moments où ils pouvaient se sentir confortables et être à l'abri du jugement des autres. Les entrevues ont eu lieu lors des heures de classe dans un local privé puisque la confidentialité ne pouvait pas être assurée en dehors de l'école, par exemple dans le domicile du participant en présence des membres de la famille[3].

Un rendez-vous a été fixé avec le participant le matin, donc à la première période et il pouvait se rendre directement à l'endroit désigné afin d'éviter qu'il sorte de la classe devant les autres élèves et

---

[3] De plus, de l'avis de la direction et de la superviseure de stage, si les entrevues avaient été faites en dehors de l'école, la sécurité de la chercheure ne pouvait pas être garantie. Lorsqu'il y a des visites au domicile de la famille, la travailleuse sociale ainsi que les autres membres du personnel ne peuvent pas y aller seuls. Ils doivent en tout temps être accompagnés par une deuxième personne ce qui ne pourrait être réalisé dans ce cas-ci, faute de ressources en personnel.

n'attire l'attention sur lui. Ainsi, l'élève pourra-t-il quitter le local lors de la récréation et retourner en classe à la deuxième période[4].

La seconde mesure de protection de la confidentialité correspond à celle, fort répandue, d'employer des pseudonymes et de s'astreindre à n'offrir aucune information qui pourrait identifier le jeune qui a participé à la recherche. Ce sont seulement la chercheure principale et la superviseure de mémoire qui auront accès aux noms d'origine.

2.5.5 Vivre des inconforts émotionnels

La participation à cette recherche implique que les jeunes partagent de l'information personnelle. Il aurait donc été probable qu'elle crée des inconforts émotionnels légers à certains moments, dans la mesure où certaines questions auraient pu leur faire revivre des expériences déplaisantes ou difficiles. Si ceci s'était produit, l'entrevue aurait immédiatement arrêtée. De plus, un suivi a eu lieu au besoin avec les participantes auprès de la travailleuse sociale de l'école.

2.6 Mode d'analyse des données

Les entrevues semi-dirigées ont été enregistrées sur bande audio et transcrites afin d'être codifiées manuellement, selon les instructions fournies par Paillé (1994). Ma recherche qualitative a adopté l'approche de la théorie ancrée.

2.6.1 Qu'est-ce que la théorie ancrée?

La théorie ancrée a été utilisée afin d'analyser les paroles des jeunes qui ont été recueillies suite aux entrevues. Cette dernière est une méthode d'analyse de comparaison constante qui se veut de

---

[4] La superviseure de stage, qui est la travailleuse sociale à cette école, nous assure qu'il arrive régulièrement qu'un élève soit en retard à ses cours où qu'il ait des rendez-vous avec différents services de l'école sans que ceci ne suscite la curiosité ni n'entache sa réputation.

construire une théorie à partir des relations qu'entretiennent les individus à un phénomène (Dey : 1999). Comme le mentionne Paillé (1994), « théoriser c'est dégager le sens d'un évènement, c'est lier dans un schéma explicatif divers éléments d'une situation (…), c'est beaucoup plus un processus qu'un résultat » (p.150). En favorisant la théorisation ancrée, il est important de souligner qu'il ne faut pas avoir en tête une théorie préconçue puisque celle-ci doit émerger des données par elle-même (Strauss et Corbin : 1990).

2.6.2 Pourquoi la théorie ancrée?

Comme le souligne Gratton, je ne « ferai pas la description de cas individuels, mais l'interprétation du phénomène social qui l'intéresse à partir des perspectives de divers acteurs sociaux » (Gratton : 2001 : p.313). À cet égard, ma recherche se veut une interprétation de la perception qu'ont les jeunes intimidés de l'intimidation qu'ils subissent. Il me semble favorable d'utiliser ce type d'analyse puisque je veux « renouveler la compréhension » du phénomène de l'intimidation « en le mettant différemment en lumière », c'est-à-dire en écoutant les propos des jeunes intimidés plutôt que celui des adultes qui se retrouvent déjà dans la plupart des recherches (Paillé : 1994 : p.149). Cette analyse a été favorisée pour ma recherche puisque j'ai débuté par le processus inductif, où les jeunes intimidés m'ont partagé leur perception, pour ensuite produire une analyse qui m'a permis de mieux saisir le phénomène de l'intimidation ainsi que le besoin de ces jeunes.

Chapitre 3: Présentation des résultats

Suite aux entrevues effectuées auprès des trois participantes, leur perception par rapport à la description, les effets de l'intimidation ainsi que leurs stratégies d'intervention sont présentés.

3.1 Perception des jeunes face à l'intimidation

Les participantes ont partagé leurs regards sur les types d'intimidation, les motifs de discrimination, le profil psychologique des intimidateurs ainsi que sur le processus d'intimidation. Les regards que portent les jeunes de l'intimidation sont riches en contenue.

3. 1.1 Type d'intimidation

D'après les jeunes qui ont participé à ma recherche, il existe trois types d'intimidation, soit verbale, physique et sociale. Les victimes décrivent le premier type comme étant des rumeurs, des mensonges, des insultes, des méchants mots ainsi que de se faire traiter de noms. Une participante en 7e année rapporte ce type d'intimidation:

> J'ai déjà vécu [de l'intimidation] et les élèves (…) n'arrêtent pas de m'insulter (…) ils ont faite des rumeurs que j'avais des poux (…) on m'appelait des *F word* et des *B word* et (…) putain de merde. [Ils m'ont traité] de *baldy*. (Gabrielle)

Pour les participantes, l'intimidation physique comprend des méchants regards, des coups de pied, lancer des objets, frapper et pousser. Deux participantes affirment qu'elles ont été victimes d'actes de violence physique:

> Ils sont violents (…) ils viennent pi ils me frappent. (…) Les filles dans mon quartier elles veulent se battre. (Maxime) Une fille qui s'appelle [Diane] elle n'arrête pas de me faire des méchants regards. (Gabrielle)

Pour les participantes, l'intimidation sociale renvoie à la divulgation de secrets, au rejet ainsi qu'à l'exclusion sociale. Deux élèves de 6e et 7e année illustrent une expérience de rejet qu'elles ont vécue :

> Quand ils viennent, pi ils ne me laissent pas tranquille, ils vont dire à tout le monde « Tu t'es faite rejeter » pi là après tout le monde « Ahhh, tu t'es faite rejeter. Ohhhhhhhhh, Tu t'es fait rejeter ». (Maxime) Ils commencent à dire « Va-t'en, personne ne te veux. (Gabrielle)

On remarque que les intimidateurs vont amplifier le rejet des victimes en nommant devant tous les autres personnes le rejet qu'elles viennent de subir. Dans certaines situations d'exclusion sociale, les intimidateurs vont laisser entendre que personne ne veut être en compagnie des victimes. Ainsi, les gens qui sont autour de ces dernières vont se moquer d'elles en nommant les expériences de rejet qu'elles ont vécues.

3.1.2 Motifs de discrimination

Les participantes ont relevé plusieurs motifs de discrimination dont elles étaient victimes. L'intimidation face au poids a été soulevée par chacune d'elles. Une rapporte les insultes qu'elle a vécues :

> Ils disent que je suis rejetée ou que je suis grosse et ils font des histoires sur moi que j'ai mangé ma famille, pi après que je l'ai est revomi. (Maxime)

Une des victimes démontre que certaines personnes vivent de l'intimidation en raison de leur différence, plus particulièrement par rapport à leur race et à leur intelligence :

> Parce que des fois les gens ils intimident ceux qui sont différents. Comme *a Chinese* si sont *smart* y vont dire « Oh, haha *smart pants* », pi c'est comme ça. Pi des fois si sont des *nerds*, parce qu'eux ils ont plus de *brain* pi sont *smart* donc ils les insultent. (Gabrielle)

La discrimination face à la famille et à l'apparence physique a également été mentionnée lors des entrevues. Une élève de 7ᵉ année me témoigne une telle situation:

> Ils insultent ma famille. Comme pour vrai ils amènent les familles dedans. (…) Ils disent que ma famille m'a abandonné dans un *dump*. Pi ils commencent à dire « Ahh, ta mère est laide et pi ta sœur ». (Gabrielle)

3.1.3 Profil psychologique des intimidateurs

Les intimidateurs sont représentés comme immatures, irrespectueux et bizarres. La plupart du temps, les participantes laissent entendre que les intimidateurs sont des personnes comme les autres, mais dans certains cas, leurs ami-e-s peuvent également participer ou être à l'origine de l'intimidation. Du côté de la perpétration des gestes, les étudiantes rapportent qu'ils intimident de façon délibérée et peuvent parfois avoir l'intention de blesser les victimes. D'ailleurs, elles considèrent que ces derniers cherchent à être reconnus par les autres en essayant d'obtenir une réaction chez les victimes. Toutefois, une des participantes est d'avis que les intimidateurs ne sont pas toujours conscients de leurs actions et qu'ils insultent parce qu'ils n'ont pas une haute estime d'eux-mêmes.

> *I feel bad* pour eux parce qu'eux ils insultent. Comme ils insultent parce qu'eux aussi y se sentent mal *in the inside*, *so* je ne pense pas que je dois être triste tout le temps parce que c'est eux qui doivent être tristes parce qu'ils font du mal aux autres, *so* peut-être en dedans ils ont de la peine pi ils ne voulaient même pas insulter comme ça. (Gabrielle)

Une victime mentionne que les intimidateurs n'arrêtent pas de l'insulter et de lui faire des méchants regards même lorsqu'elle est intervenue à plusieurs reprises. Une autre relève que même si elle tente de s'éloigner, les intimidateurs vont venir vers elle et vont la traiter de nom. Ceci laisse donc entendre qu'une des particularités des intimidateurs est la persistance.

3.1.4 Processus d'intimidation

Suite aux témoignages des victimes, on peut distinguer un processus d'intimidation. Une de ses plus importantes particularités est sa dimension sociale, les intimidateurs étant présentés sous forme d'un groupe d'individus plutôt qu'une seule personne. Les participantes ont rapporté vivre de l'intimidation d'une façon constante. Elles estiment que les intimidateurs vont attendre d'obtenir l'attention de leur entourage pour agir envers les victimes, qui va en rajouter sur leurs actes d'intimidation. Par la suite, lorsque les victimes décident de dénoncer la situation à un adulte, l'intimidateur va pour la plupart du temps nier ses actions. Les adultes vont parfois porter le blâme sur les victimes en raison de ce déni. Les participantes relèvent également que la situation pourrait s'aggraver si elles rapportent l'intimidation aux adultes puisque les intimidateurs confronteraient les victimes suite à la dénonciation du professeur. Certains des jeunes vont vivre une période de culpabilité puisqu'ils croient qu'ils méritent de se faire intimider et parce que les adultes vont parfois les blâmer en raison du déni de l'intimidateur. Il peut se manifester un découragement de la part des victimes en raison de la persistance d'intimidation qu'elles subissent. Une élève de 7e année rapporte une telle situation :

> Ça me décourage, alors juste laisse faire, pi c'est tout. (…) Comme maintenant je dis … comme ça me fait *you know, you give up*. (Gabrielle)

3.2 Effets de l'intimidation sur les victimes

Les étudiantes ont soulevé trois types d'effets qui se sont manifestés suite aux incidents d'intimidation qu'elles ont subis. Le plus souvent, ils sont d'ordre émotionnel, social et physique.

3.2.1 Effets émotionnels

Après avoir écouté les filles partager leurs expériences sur l'intimidation qu'elles ont subie, plusieurs effets émotionnels ont été soulevés. Le sentiment de tristesse et de vive colère suite aux incidents d'intimidation était présent. Ceux-ci peuvent demeurer pendant quelques heures lorsque les intimidateurs n'offrent pas de répit à la victime ainsi que lorsqu'ils amplifient le rejet de cette dernière. Un deuxième effet relevé lors des entrevues est de parfois se sentir différente des autres en raison de l'intimidation vécue. Un troisième effet mentionné par une participante est qu'elle devenait méchante avec ses amis, même si elle ne le désirait pas. Ainsi, l'intimidation vécue peut-elle faire en sorte que les jeunes deviennent désagréables avec leurs camarades. Un autre effet de l'intimidation est le désir de vengeance qui a émergé chez deux des victimes. Ce désir se manifestait par une envie de blesser physiquement les intimidateurs afin qu'ils comprennent leur souffrance. Les participantes me partage leur désir de vengeance :

> J'ai le goût de juste les dire à leurs parents, pi de les frapper, leur faire mal vraiment, gravement. (…) Pi moi les faire à eux, pour une fois pour toutes, pi pour voir s'ils aiment ça ou pas! Pi qu'ils arrêtent. (Maxime) Pi après ça, ce que moi je voulais faire c'est juste prendre une chaise pi leur frapper avec [et] *puncher* tout eux. Mais aussi des fois qui disparaissent, pi de leur oublier. (Gabrielle)

3.2.2 Effets sociaux

Suite aux discussions entamées avec les participantes, deux effets sociaux ont été soulevés, soit la perte de liens d'amitié et la perte d'intérêt envers l'école. D'une part, les victimes vont parfois être méchantes avec leurs amis et cela peut se manifester par la volonté de les rapporter aux adultes s'ils commettent des actes déplaisants afin de pouvoir contrôler leur comportement. De ce fait, la méchanceté peut entrainer chez les victimes une perte de liens d'amitié. D'autre part, la perception de l'école peut parfois être affectée puisque les victimes rapportent ne pas vouloir aller à l'école. Deux élèves en 6e année me fait part de leur perte d'intérêt envers le milieu scolaire :

> Des fois, quand quelqu'un à l'école m'intimide ça me tente de ne pas y'aller à l'école. (Maxime) Je ne veux pas venir à l'école des fois. (Dominique)

3.2.3 Effets physiques

D'après les trois participantes, avoir mal à la tête, mal au ventre, se sentir malade et mal à l'aise ainsi qu'avoir de la difficulté à se concentrer lors des cours sont des effets physiques qui peuvent se manifester. Un autre effet qui a été nommé lors des entrevues est l'acte de suicide suite à l'intimidation qu'une personne peut subir. Une participante me présente son point de vue sur la situation :

> Il y a beaucoup d'enfants qui [se] sont suicidé de l'intimidation pi les parents sont inquiets pour leurs enfants parce qu'ils ne veulent pas qu'ils [vivent de l'intimidation] et ne veulent pas [les] perdre, alors ils veulent que [leur enfant ne vivent] pas d'intimidation. (Gabrielle)

3.3 Perception des adultes face à l'intimidation

D'après les jeunes, la plupart des adultes pensent que l'intimidation est normale. Certains d'entre eux n'accordent aucune importance à cette problématique tandis que d'autres croient qu'elle est une mauvaise chose. Les jeunes me partage l'idée selon laquelle certains adultes ne vont pas intervenir et vont laisser l'intimidation persister. Ainsi, l'inaction des adultes donne l'impression aux victimes qu'ils ne sont pas préoccupés par cette dernière.

3.4 Stratégies d'intervention que les adultes préconisent

Les professionnels de l'enseignement ainsi que les parents vont soit intervenir lors des situations d'intimidation ou simplement ignorer les confidences des victimes. Les stratégies d'intervention et de non-intervention des adultes sont présentées dans les paragraphes qui suivent.

3.4.1 Intervention

Après avoir discuté avec les participantes, elles considèrent que les adultes vont plutôt intervenir dans les situations d'intimidation physique que verbale ou sociale. Les adultes vont parfois intervenir suite à la demande d'aide de la victime en discutant de la situation avec l'intimidateur. Ils vont soit lui dire d'arrêter, lui donner un rapport ou une conséquence telle que manquer une récré ou ne pas pouvoir participer à une activité parascolaire. Selon les participantes, la méthode d'intervention la plus fréquemment utilisée est la suspension externe[5] de l'intimidateur. Toutefois, une d'entre elles me partage son expérience en affirmant que la direction ne garde pas toujours sa parole par rapport à la suspension. Une autre participante estime que la suspension interne[6] est une conséquence plus efficace puisque retourner à la maison donne un privilège aux intimidateurs de « rester à la maison et relaxer ». Dans certaines conditions où l'adulte intervient, l'intimidateur cesse de blesser la victime. Dans d'autres situations, l'intimidation peut s'aggraver en raison de la déclaration des gestes de l'intimidateur à un adulte. Une élève de 7e année me partage sa perception des requêtes d'aide auprès d'un adulte :

---

[5] « Les élèves faisant l'objet d'une suspension [externe] sont provisoirement exclus de l'école pour une période déterminée. La suspension peut durer de 1 à 20 jours de classe. Les élèves suspendus ne peuvent participer à aucune activité ou événement scolaire » (Ministère de l'éducation de l'Ontario : 2009).

[6] La suspension interne est un renvoi des étudiants en dehors des salles de classe pour la journée. Ils doivent compléter une série de travaux dans le bureau de la direction. Lors de cette période, ils ne peuvent pas participer aux activités ou aux évènements scolaires.

> Des fois quand t'as des intimidations et tu dis au professeur, la situation va aller comme beaucoup [fait geste avec ces mains que la situation va s'agrandir]. Parce que toutes les personnes qui t'intimident vont être en trouble pi y vont être fâché contre toi, alors y vont commencer à plus d'intimider chaque jour. (Gabriel)

Les adultes qui interviennent offrent également des conseils aux victimes. D'ailleurs, celles-ci mentionnent qu'ils leur suggèrent de s'éloigner des intimidateurs, de les ignorer, de leur parler gentiment, de leur demander d'arrêter, de s'excuser ainsi que de se tenir proche des adultes qui supervisent. Cependant, certaines d'entre elles affirment que dire d'arrêter à l'intimidateur n'aide pas à résoudre la situation. La stratégie d'éloignement n'est pas efficace puisque les intimidateurs vont vers elles pour les intimider.

> Ils m'ont dit de ne pas les suivre. Aller vers eux. Mais, des fois c'est parce que chu là pi c'est eux qui viennent vers moi. Moi, chu juste là pi j'essaye de me reposer, de m'amuser, pi eux sont comme « Ohhh, Ohh, Ohhhooohh » ils commencent comme n'importe quoi. (Maxime)

3.4.2 Non- intervention

Les participantes me partage également leurs soucis face à la non-action des adultes. Celles-ci soulèvent le fait qu'ils vont soit ignorer leur demande d'aide, décider ne rien faire pour arrêter l'intimidation et parfois même les blâmer. Cette non-intervention de la part des adultes décourage les victimes de dénoncer l'intimidation qu'elles subissent. L'inaction des adultes entraine également une perte de confiance dans l'habileté d'intervention ou de protection des adultes face aux jeunes. Les participantes considèrent que les adultes ne protègent pas les jeunes en raison de leur manque de préoccupation face à cette problématique. Les trois participantes me témoignent une telle situation :

> Une fois j'ai dit à la directrice, pi elle ne m'a pas demandé c'est qui qui a fait ça. Je leur dis c'est qui, mais eux y fait rien. Eux, il juste dit [à l'intimidateur] « il ne faut pas faire ça, parce que si tu fais ça tu vas être suspendu ». Il fait ça, il ne serait même

pas suspendu. Pi ça, ça me décourage parce qu'ils ne font à rien puis ils n'aident pas beaucoup (…) alors juste laisse faire. (Gabrielle)

Les adultes des fois ils ne font rien. (Dominique)

Ils ne vont rien faire! Ils vont laisser continuer jusqu'à tant que toi tu fais quelque chose, pi là toi t'es en trouble. (Maxime)

3.5 Stratégies d'intervention que les jeunes préconisent

Les participantes à cette recherche ont partagé plusieurs stratégies d'intervention qu'elles emploient afin de contrer l'intimidation qu'elles subissent. Elles ont également proposé quelques pistes d'intervention qui pourraient être utilisées par les professionnels de l'enseignement. Ces dernières ont soulevé certaines transformations désirées en lien avec les actions des intimidateurs. En partageant ces stratégies d'intervention, elles ont exprimé leurs perceptions sur l'efficacité ou la non-efficacité de celles-ci.

3.5.1 Stratégies d'intervention employées

Tenter d'ignorer l'intimidateur afin qu'il n'obtienne pas la réaction qu'il désire est l'une des premières stratégies qui est employées par les participantes. De leurs avis, cette stratégie est difficile à appliquer et n'est pas toujours efficace puisque par expérience, l'intimidation n'a pas arrêté. Quelques-unes d'entre elles mentionnent que lorsqu'elles se font insulter, elles vont répondre par l'insulte. Une étudiante me présente sa perception sur ces deux stratégies :

J'essaye vraiment d'ignorer la personne, mais la personne n'arrête pas de parler, *so* moi je juste le insulte parce que je n'aime pas quand il vient à moi, alors je veux qui me laisse tranquille. (Gabrielle)

L'acte physique de crier et de frapper l'intimidateur est également utilisé par les victimes. La stratégie d'éloignement est employée, mais elle n'est pas toujours efficace puisque l'intimidateur se dirige vers les victimes même si elles tentent de se distancer. Une autre méthode utilisée est le dévoilement de l'intimidation à un adulte dans le but d'y mettre fin. Certaines étudiantes sentent qu'aller se confier à un adulte est une bonne stratégie. D'autres ne croient pas que cela aide la situation puisque dénoncer les intimidateurs aux adultes peut occasionner une augmentation de l'intimidation vécue par les victimes. Une autre stratégie employée est de répondre aux gestes de l'intimidateur par l'humour.

3.5.2 Stratégies d'intervention proposées par les jeunes

La première stratégie que les jeunes me proposent est d'informer les parents de l'intimidateur. Selon les victimes, cette dernière serait efficace pour contrer l'intimidation. Elles proposent également l'application des règles contre l'intimidation dans l'école. Une autre stratégie qui a été suggérée par les trois participantes est que les adultes interviennent en donnant une conséquence aux intimidateurs. Celles-ci peuvent être soit une retenue, une suspension interne, un rapport, une interdiction d'aller à la récréation ou à une activité de groupe. D'après elles, ces conséquences apprendraient une leçon à l'intimidateur et seraient efficaces pour diminuer l'intimidation dans les écoles. Une participante recommande d'augmenter le nombre d'adultes pour la surveillance sur le terrain d'école, dans la cafétéria et dans les salles de classe. Les étudiantes me font part d'un dernier conseil pour les adultes soit celui d'agir et d'être à l'écoute des demandes d'aide des jeunes qui subissent de l'intimidation.

3.5.3 Transformations désirées

Les participantes de la recherche ont soulevé l'idée qu'elles aimeraient que l'intimidation qu'elles subissent s'arrête par magie rapidement et simplement. Elles affirment leur envie de soit faire disparaître l'intimidateur ou de faire en sorte qu'il devienne gentil avec elles. Une des répondantes exprime son désir de transformer l'intimidateur en grenouille, en feuille ou en lampe afin que celui-ci ne soit plus dans sa vie. Elle affirme qu'elle ne démontrerait pas le pouvoir de la magie aux adultes par peur que ceux-ci portent le blâme sur elle. Une étudiante me partage ce souhait de posséder un pouvoir surnaturel :

> Je vais leur [faire] disparaitre ou je [vais] leur faire une grenouille. Leur mettre dans [un] lac quelque part, donc comme ça y vont pu être là. Et des fois leur faire devenir comme des choses comme une lampe ou des feuilles. Je peux leur écraser facilement. Mais la lampe, je peux la casser ou la jeter dans une poubelle. Je vais faire les gens qui m'intimidaient être gentil avec moi et leur faire oublier tout, comme des affaires méchantes qu'ils ont faites à moi. Pi y vont être gentil. Comme, ils m'insultent plus. Ils me traitent bien. (Gabrielle)

En somme, les participantes relèvent que l'intimidation se manifeste sous différentes formes, soit physique, verbale et sociale. De plus, être victime d'intimidation peut affecter plusieurs sphères sociales dans leur vie telle que l'école, l'amitié et leur estime de soi. Enfin, l'intervention des adultes et les stratégies employées par les jeunes peuvent soit encourager ou diminuer les situations d'intimidation. Toutefois, selon les répondantes, l'importance repose sur l'écoute que peuvent offrir les adultes par rapport aux demandes d'aide et aux confidences des jeunes victimes d'intimidation.

Chapitre 4 : Analyse interprétative des données

4.1 La perception des jeunes face à l'intimidation

Dans cette partie, le regard des jeunes par rapport à la définition de l'intimidation, aux motifs de discrimination ainsi que le profil des intimidateurs est comparé à ce qui est présenté par les auteurs dans la littérature.

4.1.1 La définition

Après avoir recueilli les propos des participantes de ma recherche, leur description de l'intimidation concorde beaucoup plus avec la définition d'Olweus qu'avec celle de Ribgy (1996) et Griffiths (1997). Comme Olweus (1993), elles relèvent des caractéristiques telles que l'intention, les dimensions psychologique, physique et sociale, la fréquence et le déséquilibre de pouvoir entre l'intimidateur et la victime. Plus précisément, les jeunes rapportent que les intimidateurs ont l'intention de vouloir blesser leur cible et le font de façon délibérée. En matière de dimension sociale et dans le même esprit qu'Olweus, les témoins sont importants à considérer puisqu'ils vont pouvoir encourager les gestes ou les insultes en riant et en participant aux situations d'intimidation. De plus, la fréquence semble une réalité puisqu'elles mentionnent subir de l'intimidation de façon constante. On peut également faire un lien avec l'abus de pouvoir puisque de leur avis, les intimidateurs se retrouvent plus souvent en groupe que seul. D'après elles, ils cherchent à obtenir une réaction des autres et vont intimider lorsqu'ils ont une audience. Or, Rigby (1996) et Griffiths (1997) ne tiennent pas en compte la dimension sociale soulevée par les répondantes. Ils ne considèrent pas la divulgation de secrets et le rejet comme moyens d'intimider les autres. L'intimidation entre les pairs est également un élément qui n'est pas présenté par ces deux auteurs.

Toutefois, une répondante diffère d'avis avec Olweus en ce qui concerne l'estime de soi. Elle affirme que les intimidateurs ne sont pas toujours conscients de leurs actions et qu'ils insultent parce qu'ils n'ont pas une haute estime d'eux-mêmes. Selon elle, les personnes intimident parce qu'ils sont tristes à l'intérieur. Elle croit qu'ils n'ont pas toujours l'intention de blesser les victimes, car ils peuvent le faire de façon inconsciente afin d'augmenter leur estime de soi. Ceci est intéressant à relever puisque selon Olweus (1993), les intimidateurs ont plutôt une haute estime d'eux-mêmes et veulent délibérément blesser une personne.

4.1.2 Motifs pour lesquels les jeunes se font intimider

Les jeunes que j'ai rencontrés ont tous affirmé avoir vécu ou avoir observé de l'intimidation face au poids et à l'appartenance culturelle. Ceci concorde avec les écrits de Larochette, Murphy et Craig (2010), Bernstein et Malcolm (1991), Sweeting et West (2001), ainsi que Rigby (2002), qui sont d'avis que les différences visibles telles que la couleur ou le poids d'un jeune font partie des motifs derrière les actes d'intimidation. D'après moi, cette affirmation est juste puisque les répondantes en ont été la cible et ont pu le constater de leurs propres yeux.

En matière de types de discrimination face à l'appartenance culturelle, mes résultats m'indiquent que ce sont principalement les insultes et les rumeurs qui sont employées. Ceci est en accord avec la position de Rigby (2002), ainsi que de Fleschler, Peskin, Tortolero et Markham (2006), selon lesquels les jeunes qui sont différents sur le plan ethnique vivent davantage de l'intimidation verbale que physique.

Un élément qui n'est pas présenté dans la littérature, mais qui a été soulevé lors des entrevues est l'intimidation face à la famille. Deux participantes affirment que certains jeunes vont insulter et rire de leur famille par rapport à leur apparence physique. Je crois que cet élément est important à considérer lorsque nous parlons des motifs de discrimination. Faire des attaques envers la famille d'une victime est une forme d'intimidation indirecte qui peut autant faire mal.

4.1.3 Profil des intimidateurs

Pour les participantes, les intimidateurs sont bizarres et immatures. Aucune d'entre-elles ne soulève la popularité et la force physique comme étant un trait distinctif des intimidateurs. Leur profil ne concorde pas nécessairement avec ce que Espelage et Asidao (2001) affirment puisque ceux-ci postulent que les intimidateurs sont populaires, habituellement physiquement plus forts que les victimes et ont plus d'amis (es).

Un élément qui n'est pas considéré dans la littérature, mais qui est rapporté par certaines participantes est le rôle que peuvent jouer les amis(es) dans les situations d'intimidation. D'après elles, ce ne sont pas seulement les personnes avec lesquelles nous n'avons pas de lien de proximité qui intimident puisque l'intimidation peut également se manifester dans le cercle d'amis. Ainsi, les jeunes peuvent être ami-e-s une journée et ne plus l'être le lendemain. Des menaces peuvent être faites afin d'exclure une certaine personne d'un groupe.

L'idée de la compétition entre les pairs est importante à observer lorsque nous discutons de l'intimidation. Selon mes observations, certains jeunes veulent être perçus par leur entourage comme étant populaires et comme ayant le plus d'amis plutôt qu'avoir des relations de qualité. Certains d'entre eux vont entrer en compétition avec leurs amis en les insultant, en faisant des menaces, en commençant des rumeurs ainsi qu'en les rejetant d'un groupe afin d'obtenir l'attention des autres. Il est probable que ceci soit dû aux normes de performance, de compétition et de réussite que les jeunes vont inconsciemment essayer d'être meilleures que leurs pairs.

Une autre hypothèse qui peut être soulevée en lien avec cette idée est que les jeunes cherchent à maintenir leur statut social dans la hiérarchie qui est composé d'amis. D'ailleurs, la perspective théorique de la domination sociale peut nous aider à comprendre cette intimidation entre les pairs. Ceci semble concorder avec le point de vue de Nishina (2004) puisqu'on peut voir suite aux incidents d'intimidation vécus chez les victimes l'importance qu'elles portent au maintien de leur position dans un groupe ainsi que de leurs relations avec leurs amis

4.2 Les effets de l'intimidation

Les participantes de cette recherche affirment que suite aux incidents d'intimidation qu'elles subissent, les effets émotionnels, physiques et sociaux affectent leur vie quotidienne.

4.2.1 Effets émotionnels

Les victimes témoignent le sentiment de tristesse et de colère qu'elles vivent suite aux incidents d'intimidation. J'estime que ces sentiments sont importants à mentionner lorsque nous parlons des effets émotionnels de l'intimidation. D'une part, les victimes démontrent qu'elles peuvent devenir méchantes avec les autres en raison de la colère qu'elles ressentent. D'autre part, le désir de vengeance est un élément important, car il est un thème récurrent dans les entrevues. Chodzinski (2004), Rigby (2002), Swearer (2004) et Sanders (2004) affirment que l'intimidation peut affecter la santé mentale des victimes en diminuant leur estime de soi, mais ils ne tiennent pas compte du sentiment de colère et du désir de vengeance. Ils sont du même avis que les participantes lorsqu'ils affirment que le suicide peut être une conséquence de l'intimidation.

En matière de réaction, les victimes souhaitent physiquement blesser les intimidateurs afin qu'ils puissent comprendre la souffrance qu'elles vivent lorsqu'elles se font intimider. Ce désir de vengeance peut nous renseigner sur divers éléments. Tout d'abord, bien que les victimes veulent aspirent à ce que l'intimidation arrête et à vivre en paix, elles ne détiennent pas de bonne stratégie pour assurer cela. Ensuite, il se peut qu'elles obtiennent une certaine satisfaction personnelle puisque les intimidateurs auraient une conséquence suite à leurs actions. D'ailleurs, certaines répondantes affirment que les conséquences et la punition ne sont pas efficaces pour faire cesser les gestes des intimidateurs. Elles témoignent qu'ils doivent subir l'intimidation comme elles l'ont vécu afin de développer leur empathie et de réellement comprendre les effets de leurs actions. Ceci laisse entendre que l'intimidation affecte énormément la vie des jeunes, qu'ils désirent simplement y mettre fin et qu'ils n'ont pas toujours les moyens efficaces pour le faire.

Une illustration de l'intensité de la colère est l'intense imagination que certaines peuvent déployer dans leurs scénarios de vengeance. Elles affirment le désir de posséder un certain pouvoir surnaturel afin de faire disparaitre les intimidateurs. Une des participantes m'a confié son désir d'utiliser de la magie pour transformer les intimidateurs en feuille, en lampe et en grenouille, qui représentent des objets inanimés ou des êtres ayant peu d'importance aux yeux des autres. En faisant un lien avec le rapport de pouvoir et la théorie de la domination sociale, il est probable que la victime souhaite être supérieure aux intimidateurs en les transformant en des objets qu'elle peut « casser, jeter à la poubelle ou dans un lac » (Participante, Gabrielle). Derrière le propos du pouvoir, le témoignage de la répondante nous indique le désir d'obtenir le contrôle sur la situation ainsi que sur les actes de l'intimidateur. Cette idée de magie permet de comprendre que les victimes d'intimidation peuvent se sentir démunies et désir régler rapidement et mettre un terme à l'intimidation qu'elles subissent.

Si l'on adopte un regard global, le système judiciaire se base sur la notion de vengeance et de conséquence en octroyant la prison aux gens qui commettent des actions opprimantes comme forme de punition acceptable. Dans ce sens, ce moyen de gérer une situation qui est prescrit par la société peut être imprégné chez les jeunes dans la façon de résoudre efficacement un problème.

4.2.2 Effets sociaux

Les répondantes témoignent la perte d'intérêt qu'elles ont développé envers l'école en raison de l'intimidation qu'elles vivent. Elles ont rapporté ne plus vouloir y aller. Cet évitement scolaire peut également être perçu comme une stratégie employée afin de ne pas de subir les actes d'intimidation. Nishina (2004) et Rigby (2002) sont en accord avec les participantes selon lesquelles l'intimidation peut avoir un effet sur le sentiment d'appartenance des victimes envers leur l'école ainsi que sur le taux d'absentéisme. Le milieu scolaire est un endroit qui a pour but de favoriser la sécurité et l'apprentissage des jeunes. Nous nourrissons un sentiment d'appartenance à l'école lorsqu'on peut développer notre identité en s'associant aux gens, aux valeurs et aux activités. Cependant, chaque jour, les victimes doivent se mettre en mode de survie et craindre les gestes d'intimidation qu'elles auront à subir dans le futur. Lorsque les jeunes vivent de l'intimidation, ils ne peuvent donc pas créer de bons liens avec les autres ni se faire une image positive de leur école.

Un effet social qui est absent dans la littérature est la perte de liens d'amitié. Une répondante rapporte la méchanceté qu'elle développe envers ses amis suite aux incidents d'intimidation qu'elle a subie. Étant donné qu'elles vivent des frustrations, il est possible que le comportement des victimes envers leurs amis(es) change.

4.2.3 Physiques

Les répondantes me partage peu d'information sur les effets physiques. Toutefois, les propos des jeunes ainsi que les conséquences relevées par Chodzinski (2004), Rigby (2002), Swearer (2004) et Sanders (2004) se ressemblent. Les deux ont rapporté la difficulté de se concentrer, les maux de ventre, se sentir mal à l'aise et l'acte de suicide comme étant des conséquences physiques de l'intimidation. De ce fait, il est probable qu'être une victime va avoir un impact néfaste sur la santé physique des jeunes.

4.3 Attitudes des adultes face à l'intimidation

Tel que je l'ai relevé dans la section présentant les données, le rôle que jouent les adultes par rapport à l'intimidation est important aux yeux des jeunes. Je vais me concentrer sur la perception des parents et des intervenants scolaires, tels que la discernent les jeunes.

4.3.1 La perception des parents et des intervenants scolaires

Les participantes affirment que les adultes pensent que l'intimidation est normale. Comme nous l'avons vu, elle estiment que certains adultes ne vont accorder aucune importance aux victimes puisqu'ils vont ignorer leur demande d'aide et ne vont pas intervenir dans les situations d'intimidation. Nous pouvons remarquer qu'elles sont pour la plupart du temps du même avis que Macklem (2003), Mishna (2004), Varjas (2008) et Pelligrini (2001) en ce qui concerne la non-intervention de certains adultes. Elles ont confié que les adultes intervenaient davantage dans les incidents d'intimidation physique que verbale et sociale. Nous pourrions comprendre ceci en observant que la visibilité des gestes physiques par opposition aux rumeurs et insultes sont plus faciles à distinguer pour les adultes. Une autre hypothèse est que les adultes pourraient éviter de vouloir être injustes dans leur intervention en raison de leur difficulté à distinguer les personnes étant à l'origine de l'intimidation sociale. Une dernière possibilité est que les adultes pourraient ne pas avoir les outils nécessaires afin de faire la différence entre l'intimidation et les taquineries. Selon moi, l'importance repose dans les paroles et l'écoute des confidences des victimes. Les blagues deviennent de l'intimidation lorsqu'elles se reproduisent trop souvent et lorsque la personne qui se fait taquiner ne trouve pas ça drôle. De plus, si la personne a l'intention de blesser la personne qu'elle taquine, cela devient un comportement inacceptable. Il est donc essentiel de retenir que les expertes de la situation sont les victimes et que si elles décident de dénoncer des actes physiques, verbaux ou sociaux, nous devons être sensible à leurs confidences. Nous devons toujours prendre les mesures nécessaires afin de minimiser les effets, maintenir une relation de confiance avec elles (prévention) et assurer leur sécurité et leur bien-être.

4.3.2 Perception qu'ont les jeunes des attitudes et des réactions des adultes

Les jeunes dans ma recherche m'ont partagé leurs regards face à l'intervention des adultes. Elles affirment qu'il existe une diversité possible de réactions chez les adultes suite à leur demande d'aide. Plusieurs auteurs tels que Mishna (2004), Macklem (2003), Doll (2004), Payne (2004), Espelage et Asidao (2001) et Varjas (2008) partagent la même perception que les victimes sur la non-intervention des adultes puisqu'ils croient qu'ils vont soit ne pas agir, intervenir de façon inefficace ou pas assez rapidement. La perception des victimes concorde également avec celles de Macklem (2003) et Swearer et Doll (2001) puisqu'elles affirment que plusieurs professionnels de l'enseignement ignorent leurs confidences. De plus, mes résultats m'indiquent que ce sont principalement les victimes qui sont blâmées pour les actes d'intimidation. Ceci est en accord avec la position de Mishna (2004) selon lequel les enseignants vont plutôt porter le blâme sur les victimes que sur les intimidateurs. D'après les participantes, les adultes vont parfois intervenir dans les situations d'intimidation. Elles affirment que ceux qui décident d'agir vont soit discuter avec l'intimidateur, lui dire d'arrêter ou lui donner un rapport. Ceci est en accord avec la position de Macklem (2003) et Mishna (2004), Holt (2004) et Varjas (2008), selon lesquels les adultes vont davantage travailler avec les intimidateurs que les victimes.

Ce qui n'est pas indiqué dans la littérature sont les conséquences données aux intimidateurs. D'après les victimes, la perte d'un privilège, le rapport et la suspension sont les plus souvent utilisés chez les adultes. Dans les entrevues, les participantes soulèvent le fait que cette dernière était inefficace pour régler les incidents d'intimidation, car elle est de type «pansement». La situation n'est pas réglée, le problème étant simplement déplacé en retirant un jeune du contexte scolaire. À son retour, l'intimidateur n'aura fait aucun apprentissage positif et il continuera probablement encore à intimider sa cible.

Par la suite, les stratégies que les jeunes présentent sont semblables à ce que les auteurs ont soulevé soit d'ignorer, de demander d'arrêter et de blesser à leur tour. Toutefois, elles insistent sur l'inefficacité de la stratégie d'éloignement en postulant qu'elles ne peuvent pas s'éloigner de la scène puisque ce sont les intimidateurs qui viennent vers elles. Dans ces situations, nous pouvons distinguer la persistance des intimidateurs envers les victimes. En raison de cet acharnement, ces dernières vont parfois se décourager et cela peut être une raison pour laquelle ils continuent à les intimider.

D'ailleurs, les victimes affirment ne pas toujours vouloir aller se confier à un adulte puisque dans la plupart des situations, l'intimidation n'a pas arrêté ou s'est même plutôt aggravée. L'intimidateur pourrait être en colère contre la victime pour l'avoir dénoncé aux adultes et il continuerait de l'attaquer pour se venger. Une autre raison pourrait être le fait qu'il va souvent éviter d'avouer ses actions en portant le blâme sur la victime. Ainsi, les adultes pourront prendre la décision de ne pas intervenir, ce qui confirmerait à la victime que ses confidences ne sont pas prises au sérieux. Leur non-action peut également être perçue par les jeunes comme une légitimation des actions des intimidateurs. Dans certains cas, les victimes vont essayer de se défendre en répondant aux gestes de l'intimidateur. Lors de ces situations, les adultes pourraient intervenir après avoir discerné les gestes que les victimes ont utilisés pour se défendre. Le message s'avère contradictoire pour ces dernières puisqu'elles ne sont pas à l'origine de l'intimidation, mais elles vont subir les conséquences plutôt que l'intimidateur. L'inconstance des interventions des adultes peut donc entrainer un sentiment d'injustice chez les victimes.

En somme, il serait plus bénéfique d'essayer de comprendre les raisons derrière les gestes d'intimidation afin d'avoir une compréhension plus holistique et profonde de la situation. Dans les situations qui sont présentées, nous pouvons reconnaitre que les interventions de certains adultes vont davantage être centrées sur les symptômes que sur la source réelle du problème. Il est donc plus important d'axer nos interventions sur l'ensemble des sphères sociales de la vie d'un jeune afin d'obtenir des bienfaits à long terme plutôt qu'à court terme.

4.4. Stratégies d'intervention que les jeunes préconisent

Comme objectif de ma recherche, j'ai voulu offrir la possibilité aux participantes de partager leurs idées non seulement sur les stratégies qu'elles employaient, mais aussi sur les propositions qu'elles auraient à faire aux adultes afin de diminuer l'intimidation. Les jeunes m'ont démontré qu'elles utilisaient les stratégies soulevées par Macklem (2003), soit s'éloigner, insulter et ignorer l'intimidateur. Elles m'ont proposé plusieurs stratégies intéressantes qui ne sont pas nécessairement présentées dans les écrits tels qu'augmenter le nombre d'adultes sur le terrain d'école afin d'améliorer la surveillance auprès des étudiants (es). Elles suggèrent également d'informer les parents des intimidateurs et d'être à l'écoute des confidences des victimes.

4.5. Pistes d'intervention de l'approche écologique

À la lumière de mes entrevues, je peux suggérer quelques stratégies d'intervention qui pourrait être employée afin de diminuer l'intimidation. En s'appuyant sur l'approche écologique, il est possible de reconnaitre l'influence qu'ont les différentes sphères sociales sur la vie des jeunes. Il est donc essentiel d'impliquer les différents acteurs tels que la famille, l'école, les pairs et la communauté afin d'assurer une cohérence dans les interventions et une plus grande réussite de la diminution de l'intimidation.

Famille : Promouvoir et enseigner des habiletés sociales saines telles que l'empathie, le pacifisme et l'entraide. Transmettre des valeurs universelles telles que le respect de la diversité. Encourager et modeler des comportements sains et positifs. Créer un comité de parents afin de faire un lien entre l'école et la maison. Favoriser une communication ouverte et continue dans le but de maintenir une collaboration active entre la famille et l'école. Créer des plans d'action avec les membres du personnel scolaire afin de lutter contre l'intimidation.

Pairs : Créer un comité de jeunes témoins formés pour aider les victimes et dénoncer l'intimidation.

École : Favoriser la prévention de l'intimidation en ayant un lien de confiance entre les adultes et les jeunes. Favoriser un environnement positif axé sur les forces des jeunes. Encourager les comportements positifs au sein de l'école afin de promouvoir un climat scolaire positif. Offrir des activités qui viennent renforcir le sentiment d'appartenance à la culture de l'école. Développer des techniques d'intervention efficaces auprès des jeunes et dans le cercle d'ami (es). Éduquer et sensibiliser les jeunes à l'appréciation des différences et des similitudes. Éduquer et former les adultes afin qu'ils puissent mieux identifier l'intimidation (faire la différence entre l'intimidation et un conflit). Offrir des formations à tous les membres du personnel incluant les enseignants, suppléants, surveillants, concierges, conducteur d'autobus et intervenants afin de leur permettre d'employer des stratégies d'interventions efficaces et équitables. Établir un plan de prévention et d'intervention spécifique à chaque école en tenant compte du profil et des besoins du milieu scolaire.

Communauté : Faire le lien entre l'école et les partenaires ou organismes dans la communauté afin d'offrir des ateliers d'éducation et de sensibilisation aux jeunes, parents et membres du personnel scolaire.

4.6. Limites

Cette recherche portant sur la perception des jeunes sur l'intimidation qu'ils subissent a été faite auprès de trois jeunes intimidés provenant d'un milieu francophone. L'objectif principal était de recueillir leurs paroles afin de mieux comprendre la description qu'elles en faisaient, ainsi que connaître les effets et les stratégies qu'elles employaient pour diminuer l'intimidation. En raison de l'objectif de ma recherche, je n'ai pas pu obtenir les perceptions des intimidateurs et des adultes. Cette recherche ne peut pas être généralisée sous l'entièreté de la population en raison de son petit nombre de participants. Il serait donc intéressant de faire cette étude à plus grande échelle en étant à l'écoute des intimidateurs. Il aurait également été bénéfique de faire des entrevues auprès des parents, des professionnels de l'enseignement et des intervenants scolaires afin d'obtenir leur degré de connaissance sur le sujet ainsi que pour comprendre les raisons derrière leurs stratégies proposées aux jeunes ainsi que leur non-intervention. Ceci nous permettrait de voir jusqu'à quel point et sur quels sujets l'éducation telle que des ateliers et des formations sur l'intimidation pourraient être données aux adultes.

Conclusion

Après avoir recueilli la perception de quelques victimes sur l'intimidation qu'elles ont subie, il a été possible de discerner l'impact qu'exerce cette problématique sur leur vie. Avec les témoignages relevés dans cette étude, je peux comprendre que l'intimidation nuit à l'apprentissage ainsi qu'au développement physique et mental des jeunes. La croyance des adultes a également une influence sur la façon dont elle est comprise et gérée. D'ailleurs, certains parents et intervenants scolaires ont l'idée que l'intimidation fait partie du développement normal de l'enfant. En raison de cette croyance, plusieurs d'entre eux vont décider de soit ne pas intervenir auprès des jeunes ou intervenir, mais de façon inefficace. Les victimes dans cette recherche m'ont partagé leur expérience en affirmant que la plupart des adultes ignoraient leur demande d'aide et ne prenaient aucune mesure pour essayer de contrer l'intimidation. De ce fait, certaines victimes vont prendre la décision de ne plus dénoncer la situation aux adultes. Cette perte de confiance va en partie expliquer la raison pour laquelle le cycle d'intimidation n'est pas brisé.

Après avoir écouté la parole des jeunes, il a été possible de relever quelques éléments qui ne se retrouvent pas dans la littérature et qui sont propres à ma recherche. Le premier élément que j'ai ressorti de cette étude est une forme d'intimidation indirecte dirigée envers la famille des victimes. D'ailleurs, les participantes m'ont témoigné que les intimidateurs impliquaient leur famille en les insultant devant elles. Cette forme d'intimidation peut autant blesser la victime puisqu'elle vient dénigrer leur origine. Suite à ces insultes, le sentiment d'impuissance des victimes s'accentue, car il est impossible de changer les éléments propres à sa famille. Ainsi, les victimes pourraient sentir qu'elles se font blâmer pour des raisons hors de leur contrôle.

Un deuxième élément soulevé par les répondantes est la méchanceté qu'elles peuvent développer envers leurs amis (es) suite aux incidents d'intimidation qu'elles ont subie. La perte de liens d'amitié est un effet social qui est absent dans la littérature, mais qui a été rapporté par certaines participantes. La frustration que ressentent les victimes affecte non seulement leur relation avec l'intimidateur, mais également leur interaction avec tout leur entourage. De plus, il est possible d'observer la complexité que peut avoir l'intimidation puisque celle-ci se produit régulièrement dans le cercle d'amis (es). Les victimes vont vivre des situations ambiguës, car les propos de leurs amis(es) peuvent être perçus comme une forme de taquinerie ou d'intimidation. Cela peut donc remettre en question leur rapport d'amitié et accentuer les sentiments de frustration.

Un dernier élément unique à ma recherche est le sentiment de colère ainsi que le désir de vengeance qui s'est développé chez les participantes. Elles ont affirmé vouloir obtenir un certain pouvoir magique qui leur permettrait de faire disparaître les intimidateurs ainsi que de leur faire comprendre les effets de leurs actions. Ceci me démontre que l'intimidation est une source réelle de souffrance pour ces répondantes et qu'elles prendraient les mesures nécessaires pour rapidement régler la situation.

Tout au long du processus de recherche, je me suis appuyé sur l'approche écologique afin de maintenir un regard élargi sur la situation. Celle-ci m'a permis de comprendre que l'intimidation n'est pas un problème individuel, mais qu'elle est plutôt influencée par différentes sphères sociales telles que la famille, le milieu scolaire, les pairs et la communauté. En matière d'intervention, l'approche écologique m'a également permis de reconnaitre que chaque système joue un rôle essentiel dans la diminution de l'intimidation. En favorisant cette approche, j'ai pu être sensibilisé par les témoignages des participantes et comprendre que pour briser le cycle de l'intimidation, il faut modifier les sphères sociales qui sont à l'origine des difficultés vécues par les victimes.

De plus, en prenant un recul face à cette problématique, il a été possible d'avoir un regard sociologique sur la situation. L'intimidation n'existe pas uniquement dans le milieu scolaire et elle n'est pas seulement éprouvée par les jeunes. Elle est un problème social qui est présent dans la société et dont plusieurs adultes sont également victimes. Cette recherche m'a permis de comprendre qu'il faut agir non seulement sur l'individu, mais sur les normes et les structures de la société puisqu'elles influencent les fondements de nos interactions sociales. Il faut également lutter contre l'oppression et les inégalités sociales que vivent les gens afin de se diriger vers une société qui accepte et valorise la diversité. Lutter contre l'intimidation repose dans la volonté et l'espoir des adultes et des jeunes à travailler ensemble afin d'encourager les victimes à éliminer le silence et reprendre leur voix! C'est seulement en gardant ces principes au cœur de nos interventions et dans nos actions quotidiennes que nous allons réellement pouvoir mobiliser la population et briser le cycle de l'intimidation.

Bibliographie

BARIL, Gérald, PAQUETTE, Marie-Claude et GENDREAU, Marcelle (2011). « Le culte de la minceur et la gestion sociale du risque : le cas de la Charte québécoise pour une image corporelle saine et diversifiée ». *Sociologie et Sociétés*, Volume 43, Numéro 1, p. 201-222.

BERNSTEIN, Judith et MALCOLM, Watson (1997). « Children Who Are Targets of Bullying: A Victim Pattern ». *Journal of Interpersonal Violence*, Volume 12, Numéro 4. p.483-498.

BOUCHARD, Camil (1987). « Intervenir à partir de l'approche écologique : au centre, l'intervenante ». *Service social*, Volume 36, Numéro 2 et 3, p. 454- 477.

BOURGON, Michèle (2000). « L'intervention individuelle en travail social », dans *Introduction au travail social*. Saint-Nicolas, Presses de l'Université Laval, p.93-116.

BRONFENBRENNER, Urie (1979). *The ecology of human development: Experiments by nature and design*. Cambridge, Harvard University Press. p.352.

CHODZINSKI, Raymond (2004). *Bullying: A crisis in our schools and our communities*. Éditions Soleil. Ontario, p.128.

DENZIN, Normand et LINCOLN, Yvonna (2005). *The Sage Handbook of qualitative research*. 3e éditions, Sage Publications, California, p.1210.

DEY, Ian (1999). *Grounding Grounded Theory: Guidelines for Qualitative Inquiry*. Academic Press, California, p. 281.

DOLL, Beth, SONG, Samuel et SIEMERS, Erin (2004). « Classroom Ecologies That Support or Discourage Bullying », sous la direction de Dorothy Espelage et Susan Swearer *Bullying in American Schools: A Social-Ecological Perspective on Prevention and Intervention*. Lawrence Erlbaum Associates, New Jersey. p.161-183.

DORAIS, Michel (2000). *Mort ou Fif: la face cachée du suicide chez les garçons*. Éditions VLB, Montréal, p. 110.

DUNCAN, Neil (1999). *Sexual Bullying: Gender Conflict and Pupil Culture Secondary Schools*. Routledge, London et New York. p.176.

ESPELAGE, Dorothy et ASIDAO, Christine (2001). « Conversations with Middle School Students About Bullying and Victimization: Should We Be Concerned? », sous la direction de Robert Geffner, *Bullying Behavior: Current Issues, Research, and Interventions*. The Haworth Press, Volume 2, Numéro 2-3. p. 49-62.

ESPELAGE, Dorothy et SWEARER, Susan (2004). *Bullying in American Schools: A Social-Ecological Perspective on Prevention and Intervention*. Lawrence Erlbaum Associates, New Jersey. p.385.

FLESCHLER PESKIN, Melissa, TORTOLERO, Susan et MARKHAM, Christine (2006). « Bullying and Victimization Among Black and Hispanic Adolescents ». *Adolescence*, Volume. 41, Numéro 163. p.467-484.

FREEMAN, Melissa et Mathison, Sandra (2009). *Researching Children's Experiences*. The Guilford Press, New York, p.196.

GRATTON, Francine (2004). « La théorisation ancrée pour proposer une explication du suicide des jeunes », sous la direction de Dorvil, Henri et Robert Mayer, *Problèmes sociaux : Tome 1 : Théories et méthodologies,* St. Foy, Qc. p. 306-334

HAZLER, Richard (1996). *Breaking the cycle of violence: Interventions for Bullying and Victimization*. Accelerated Development, Washington, p. 222.

HOLT, Melissa (2004). « Teachers Attitudes Toward Bullying », sous la direction de Dorothy Espelage et Susan Swearer, *Bullying in American Schools: A Social-Ecological Perspective on Prevention and Intervention*. Lawrence Erlbaum Associates, New Jersey. p. 121-140.

HOLMES, James et HOLMES-LONERGAN, Heather (2004). « The Bully in the Family: Family Influences on Bullying », sous la direction de Cheryl Sanders et Gary Phye, *Bullying: Implications for the classroom*. Elsevier Academic Press, California. p.111-135.

HORNE, Arthur et ORPINAS, Pamela (2003). « Elementary School Bully Busters Program: Understanding Why Children Bully and What to Do About It », sous la direction de Dorothy Espelage et Susan Swearer, *Bullying in American Schools: A Social-Ecological Perspective on Prevention and Intervention*, Lawrence Erlbaum Associates, New Jersey. p.297-325.

JANSSEN, Ian, CRAIG, Wendy, BOYCE, William et PICKETT, William (2004). « Associations Between Overweight and Obesity With Bullying Behaviors in School-Aged Children ». *Pediactrics*, Volume 113, Numéro 5. p.1187-1194.

KOO, Hyojin (2007). « A Time Line of the Evolution of School Bullying in Differing Social Contexts ». *Asia Pacific Education Review*. Volume 8, Numéro 1. p. 107-116.

LABROSSE, Claudia (2010). « L'impératif de beauté du corps féminin : la minceur, l'obésité et la sexualité dans les romans de Lise Tremblay et de Nelly Arcan ». *Recherches féministes*, Volume 23, Numéro 2, p. 25-43.

LAROCHETTE, Anne-Claire, MURPHY, Ashley Nicole et CRAIG, Wendy (2010). « Racial Bullying and Victimization in Canadian School-Aged Children: Individual and School Level Effects ». *School Psychology International*. Volume 31, Numéro 4. p.389-408.

LÉVESQUE, Justin et PANET-RAYMOND, Jean (1994). « L'évolution et la pertinence de l'approche structurelle dans le contexte social actuel ». *Service social*, Volume 43, Numéro 3. p.23-39.

MA, Xin (2004). « Who are the Victims? », sous la direction de Cheryl Sanders et Gary Phye, *Bullying: Implications for the classroom*. Elsevier Academic Press, California. p.19-34.

MAYER, Robert et al (2000). *Méthodologie de recherché en intervention sociale*. Boucherville, Gaëtan Morin, p. 409.

MACKLEM, Gayle (2003). Social Power in Children's Groups. Plenum Publishers, New York pp. 205. sous la direction de Cheryl Sanders et Gary Phye, *Bullying: Implications for the classroom*. Elsevier Academic Press, California. p.63-106.

MEYER, Elizabeth (2009). *Gender, Bullying and Harassment: Strategies to end sexism and homophobia in schools*. Teachers College Press, p.101.

MISHNA, Faye (2004). « A Qualitative Study of Bullying from Multiple Perspectives ». *Children and Schools*, Volume 26, Numéro 4, p.234-247

MOREAU, Maurice (987). « L'approche structurelle en travail social : implications pratiques d'une approche intégrée conflictuelle ». *Service social*, Volume 36, Numéro 2 et 3. p.227-243.

NANSEL, Tonja et al (2001). « Bullying Behaviors among US Youth: Prevalence and Association with Psychosocial Adjustment ». *Journal of the American Medical Association*, Volume 285, p.2094-2100.

NISHINA, Adrienne (2004). « A Theoretical Review of Bullying: Can It Be Eliminated? », sous la direction de Cheryl Sanders et Gary Phye, *Bullying: Implications for the classroom*. Elsevier Academic Press, California. p.36-56.

OLWEUS, Dan (1993). *Bullying at school: What we know and what we can do*. Oxford, UK: Blackwell. p.152.

OLWEUS, Dan. (1999). Bullying in Norway, sous la direction de P.K. Smith, Y. Morita, J. Junger-Tas, D. Olweus, R. Catalano, & P. Slee, *The Nature of School Bullying: A cross-national perspective*. London et New York: Routledge. p.384.

PAILLÉ, Pierre (1994). « L'analyse par théorisation ancrée ». *Cahiers de recherche sociologique : Critiques féministes et savoirs*, Numéro 23, Université du Québec, Montréal, p-147-181.

PAYNE, Allison Anne (2004). « Schools and Bullying: School Factors Related to Bullying and School-Based Bullying Interventions », sous la direction de Cheryl Sanders et Gary Phye, *Bullying: Implications for the classroom*. Elsevier Academic Press, California. p.159-176.

PELLIGRINI, Arthur (2004). « Bullying During the Middle School Years ». sous la direction de Cheryl Sanders et Gary Phye, *Bullying: Implications for the classroom*. Elsevier Academic Press, California. p.177-202.

PELLIGRINI, Anthony (2001). « The Roles of Dominance and Bullying in the Development of Early Heterosexual Relationships », sous la direction de Robert Geffner, *Bullying Behavior: Current Issues, Research, and Interventions*. The Haworth Press, Volume 2, Numéro 2-3. p.63-73.

PEPLER, Debra et al (2006). « A Developmental Perspective on Bullying ». *Aggressive Behavior*, Volume 32. p.376-384.

RIGBY, Ken (2002). *New perspectives on bullying*. Jessica Kingsley Publishers. London. p.320.

RODKIN, Philip (2004). « Peer Ecologies of Aggression and Bullying », sous la direction de Dorothy Espelage et Susan Swearer, *Bullying in American Schools: A Social-Ecological Perspective on Prevention and Intervention*. Lawrence Erlbaum Associates, New Jersey. p. 87-106.

SAVOIE-ZAJC, Lorraine (2009). «L'entrevue semi-dirigée», sous la direction de Benoit Gauthier, *Recherche sociale : de la problématique à la collecte de données*. Chapitre 13, 5e Éditions, Presses de l'Université du Québec. p. 337-360

SMITH, Peter (2000). « Bullying and Harassment in Schools and the Rights of Children ». *Children and Society*, Volume 14. p. 294-303.

STRAUSS, Anselm et CORBIN, Juliet (1990). *Basics of Qualitative Research : Grounded Theory Procedures and Techniques*. Sage Publications, California, p. 270.

STRAUSS, Richard (2000). « Childhood Obesity and Self-Esteem ». *Pediatrics*, Volume 105, Numéro 1. p.1-5.

SWEARER, Susan (2004) « Internalizing Problems in Students involved in Bullying and Victimization: Implication for Intervention », sous la direction de Dorothy Espelage et Susan Swearer, *Bullying in American Schools: A Social-Ecological Perspective on Prevention and Intervention*. Lawrence Erlbaum Associates, New Jersey. p. 63- 86.

SWEARER, Susan et DOLL, Beth (2001). « Bullying in Schools: An Ecological Framework », sous la direction de Robert Geffner, *Bullying Behavior: Current Issues, Research, and Interventions*. The Haworth Press, Volume 2, Numéro 2-3. p. 7-23.

SWEETING, Helen et WEST, Patrick (2001). « Being different: correlates of the experience of teasing and bullying at age 11 ». *Research Papers in Education*, Volume 16, Numéro 3. p.225-246.

SWEARER, Susan et ESPELAGE, Dorothy (2004). « Introduction: A social-ecological framework of bullying among youth ». sous la direction de Dorothy Espelage et Susan Swearer, *Bullying in American Schools: A Social-Ecological Perspective on Prevention and Intervention* . Lawrence Erlbaum Associates, New Jersey. p. 1-12.

THORENS-Gaud, Elisabeth (2000). *Adolescents homosexuels: Des préjugées à l'acceptation : Aide aux parents, conseils aux enseignants, soutien aux jeunes*. Éditions Favre, Paris, p.183.

VAILLANCOURT, Tracy et al (2008). « Bullying: Are researchers and children/youth talking about the same thing? ». *International Journal of Behavioral Development*. Volume 32, Numéro 6. p. 486-495.

VARJAS, Kris et al. (2008). « Missing Voices: Fourth through Eight Grade Urban Students Perceptions of Bullying ». *Journal of School Violence*, Volume 7, Numéro 4, p.97-118.

VAN DE SANDE, Adje, BEAUVOLSK, Michel-André et RENAULT, Gilles (2002). *Le travail social : Théories et pratiques*. Gaëtan Morin Éditeur, Québec, p.272.

Annexe 1: Guide d'entretien pour les jeunes

Ce guide d'entretien contient uniquement les grandes thématiques portant sur l'intimidation qui pourront surgir lors des entrevues. Il n'y a donc rien de fixe puisque les informations pourront être adaptées suite à ce qui sera discuté avec les jeunes pendant les entrevues. Ainsi, la chercheure est sensible et réceptive à ce que les jeunes vont partager et les propos pourront être ajustés en conséquence.

Introduction

Bonjour. Je te remercie pour ton intérêt.

Pour cette recherche, j'aimerais mieux comprendre comment les élèves se sentent quand d'autres jeunes manifestent des comportements qui peuvent les blesser. Par exemple, quand un jeune commence des rumeurs, laisse des élèves de côté, les appels des noms, leur fait des menaces et les frappes.

Je vais alors te poser quelques questions pour environ une heure. Tes réponses vont m'aider à mieux comprendre comment tu te sens quand d'autres élèves utilisent des comportements qui peuvent te blesser. Tes réponses vont pouvoir nous aider à trouver des façons pour que ces actes blessants n'arrivent pas à un autre élève. Si tu n'es pas certain(e) ou tu ne veux pas répondre à une question, ta pas besoin de la répondre. Il n'y a pas de bonne ou de mauvaise réponse. Je veux juste savoir ce que tu penses. Si tu ne comprends pas une question, tu peux me laisser savoir et je vais te l'expliquer.

S'il y a des questions qui te choquent ou qui te font sentir inconfortable, je peux en parler plus avec toi, et si tu veux, je peux organiser une rencontre pour que tu puisses en parler avec la travailleuse sociale de l'école. Tu as le droit de ne pas répondre à une question ou de te retirer de l'entrevue en tout temps. On peut prendre une pause ou arrêter l'entrevue n'importe quand que tu le veux.

Est-ce que tu sais c'est quoi la confidentialité? Ça veut dire que tout ce que tu vas me dire aujourd'hui va rester entre moi et toi. Je ne vais pas dire à personne à propos des choses dont nous avons parlé. Le seul temps où je dois dire à quelqu'un ce qu'un jeune m'a dit, c'est s'il me dit qu'un adulte l'a abusé physiquement ou s'il me dit que quelqu'un l'a touché d'une façon qui l'a rendu inconfortable.

Si c'est correct avec toi, je vais enregistrer notre entrevue. Est-ce que tu as des questions concernant le déroulement de l'entrevue?

Pseudonyme pour l'identification du participant :_____

Partie 1 :

Questions d'identification

- En quelle année es-tu?
- Quel âge as-tu?
- Ça fait combien de temps que tu viens à cette école?

Partie 2 :

A- Description de l'intimidation

1) Premièrement, est-ce que tu pourrais me parler de ton expérience à l'école lorsque les autres élèves font des choses qui te blessent?

2) J'aimerais que tu puisses me parler un peu plus des types de choses que les autres élèves te faisaient.

<u>À sonder potentiellement :</u>

- Par exemple, frapper, agacer, commencer des rumeurs.

- S'il t'agaçait, de quoi?

- S'il commençait des rumeurs, de quoi?

3) Pourrais-tu m'expliquer comment tu te sentais à ce moment?

<u>À sonder potentiellement:</u>

- Quel type de chose se passait dans ta tête?

4) Est-ce que tu te souviens comment tu t'es senti après l'incident?

<u>À sonder potentiellement :</u>

- Combien de temps ses sentiments sont-ils restés avec toi?

- Est-ce que tu pourrais me donner des exemples?

5) Qu'est-ce que tu penses que les adultes pensent de l'intimidation?

À sonder potentiellement:

-Est-ce qu'ils pensent que c'est une mauvaise chose ou non?

-Est-ce qu'ils pensent que c'est normal ou non?

-Est-ce qu'ils pensent que c'est de ta faute ou non que tu te fais intimider?

B- Effets de l'intimidation

1) Est-ce que ces choses sont venues affecter ou non certaines dimensions dans ta vie? (ex : tes études?, tes activités en dehors de l'école? Ou autres choses.)

À sonder potentiellement:

-Comment c'était de passer la journée?

-Est-ce que ça l'a changé comment tu vois l'école?

2) Comment tu t'es senti après la situation? Comment tu te sentais à l'intérieur?

À sonder potentiellement:

- À quoi pensais-tu? Comment te sentais-tu?

- Est-ce que la situation a changé comment tu te perçois? Comment?

3) D'après toi, est-ce que l'intimidation a eu des effets physiques ou non sur toi?

À sonder potentiellement:

-Mal de ventre? Mal à la tête? Des papillons dans ton estomac? Te sentir comme

tu allais être malade? Fatigué, pas d'énergie? Difficile à te concentrer?

4) Est-ce que l'intimidation a changé ou non comment tu interagissais ou comment tu te sentais avec les autres élèves?

À sonder potentiellement:

-Tes amis? Les autres élèves? Tes parents? Tes enseignants (es)?

- Si oui, comment?

- Est-ce que tu agissais différent avec tes amis? Parents?

- Comment agissais-tu? (Exemples)

5) Est-ce que tu te sens différemment ou non à cause que tu te fais intimider?

À sonder potentiellement:

-Si oui, de quelle façon? Demander pour des exemples.

-Sinon, de quelle façon crois-tu être pareil?

C- Stratégies efficaces pour réduire l'intimidation

1) Qu'est-ce tu as fait? Qu'est-ce que tu voulais faire?

2) A tu déjà été le dire à un adulte?

À sonder potentiellement:

- Quel type de solution cette personne avait-elle pour régler le problème?

- Est-ce que cette solution t'a aidé?

- Si oui, pourrais-tu m'expliquer comment cela t'a aidé?

- Sinon, pourrais-tu m'expliquer comment cela ne t'a pas aidé?

-Qu'est-ce tu aurais aimé qu'il fasse?

2) Si la situation se répète, est-ce que tu le dirais ou non à quelqu'un?

À sonder potentiellement:

- La même personne, un autre élève, quelqu'un d'autre?

- Est-ce qu'il avait quelqu'un que tu aurais aimé lui dire, mais tu ne l'a pas fait? Si oui, pourquoi est-ce que tu ne l'as pas dit?

- Qu'est-ce qui ferait que tu décides de le dire à un adulte?

* Si le jeune mentionne qu'il n'a pas dit à personne qu'il se fait intimider, demande : Tu as dit que tu n'as pas dit à personne que tu te faisais intimider. Est-ce que tu pourrais me dire qu'est-ce qui t'a fait décider de ne pas le dire à personne?

> **À sonder potentiellement:**
>
> -Est-ce que tu as pensé à le dire?
>
> -Qu'est-ce qui t'as arrêté de le dire à quelqu'un?

4) Est-ce que tu penses que ton école protège ou non les jeunes contre l'intimidation?

> **À sonder potentiellement:**
>
> -De quelle façon? Peux-tu me donner des exemples?

5) Est-ce que les adultes devraient agir ou non pour diminuer l'intimidation dans l'école?

6) D'après toi, qu'est-ce qui faudrait que les adultes faces pour qu'il est moins d'intimidation?

> **À sonder potentiellement:**
>
> -Qu'est ce qui doit changer pour que les jeunes se sentent confortables d'aller parler aux adultes?

7) Comment est-ce que ça l'a été pour toi de faire cette entrevue?

> **À sonder potentiellement:**
>
> - Difficile?
>
> - Ça l'a aidé dans parler?

8) Est-ce qu'il y a quelque chose d'autre que tu aimerais me dire avant qu'on termine?

Terminer l'entrevue et remercier le participant.

Annexe 2 : Formulaire de Recrutement

Bonjour,

Je m'appelle **Mélanie Lacombe**. Je suis étudiante à la maîtrise en service social à l'Université d'Ottawa et je fais mon stage de recherche-intervention en milieu scolaire. Par ce formulaire, je veux vous informer de mon étude et vous inviter à participer. Ma recherche est supervisée par Janik Bastien-Charlebois, professeure à l'École de Service social.

J'ai choisi de faire ma recherche sur le regard que les jeunes portent sur l'intimidation. Cette étude a comme objectif principal de relever les expériences personnelles ainsi que les sentiments que les jeunes ressentent durant une situation d'intimidation. Pour étudier mon sujet en profondeur, les objectifs spécifiques de ma recherche sont de : 1) relever la façon dont les jeunes décrivent le phénomène de l'intimidation; 2) identifier les effets de l'intimidation sur la vie quotidienne des jeunes; 3) reconnaître les stratégies efficaces pour aider à réduire l'intimidation dans les écoles. Comme il existe très peu de recherches francophones portant sur la perception des jeunes, **cette étude permettra de vous faire entendre**.

Pour faire cette recherche, j'aimerais rencontrer 5 jeunes âgés entre 8 et 13 ans ayant subi de l'intimidation, dans le cadre d'une entrevue individuelle d'environ une heure qui se déroulera en français. Pendant cette entrevue, vous aurez à répondre à des questions qui touchent le phénomène de l'intimidation. Vous pouvez partager vos expériences, perceptions et idées sur ce sujet, ce qui pourra en retour aider les écoles à mieux comprendre la réalité des jeunes. Vos perceptions pourront aider les adultes à établir des stratégies efficaces ainsi qu'à approfondir leurs connaissances sur ce sujet puisqu'il est peu étudié sous la dimension du regard des jeunes vivant de l'intimidation.

Vous n'êtes pas obligé de participer à cette recherche. Toutefois, si vous décidez d'y prendre part, personne ne saura si vous avez participé ou non. Si vous décidez de ne pas participer à cette recherche, cela ne vous enlèvera aucun service à l'école. Vous pourrez aussi mettre fin à l'entrevue à n'importe quel moment ou interrompre votre participation à l'étude à tout moment, et ceci, sans aucune conséquence.

Avant l'entrevue, je vous remettrai un formulaire de consentement qui explique vos droits, y compris la confidentialité, l'anonymat et la possibilité de vous retirer de la recherche à tout moment sans aucune conséquence. Il me fera plaisir de le réviser avec vous (enfants et parents) afin d'assurer une pleine compréhension de votre part. Vous pourrez indiquer à ce moment si vous acceptez ou non que l'entrevue soit enregistrée sur bande audio (sinon, je prendrai des notes). Si vous décidez de participer, vous pourrez également garder une copie du formulaire signé.

Si vous voulez avoir plus d'informations ou êtes intéressés à participer à la recherche, vous pouvez me téléphoner jusqu'au 21 avril 2011. En raison du temps limité pour effectuer cette recherche, les 5 premières personnes intéressées qui auront communiqué avec moi afin de planifier une rencontre seront sélectionnées.

Je vous remercie de l'intérêt porté à mon projet de recherche.

Mélanie Lacombe
Étudiante à la maîtrise en service social
Université d'Ottawa

Annexe 3 : Formulaire de consentement

Titre du projet: La perception qu'ont de l'intimidation les jeunes qui la subissent.

Nom de la chercheure : Mélanie Lacombe (chercheure) et Janik Bastien-Charlebois (superviseure)

Institution : Université d'Ottawa
Faculté : Sciences sociales
Département : Service social

Numéro de téléphone : ------------------
Adresse courriel : -------------------------

Invitation à participer:
Mon enfant, _____, est invité(e) à participer à la recherche nommée ci-haut qui est menée par Mélanie Lacombe, étudiante à la maitrise en service social à l'Université d'Ottawa. Le projet est supervisé par Janik Bastien-Charlebois, professeure à l'École de service social à la même université.

But de l'étude: Le but de l'étude est d'approfondir nos connaissances sur le phénomène de l'intimidation dans les écoles d'après la perception et l'expérience des jeunes intimidés. Plus spécifiquement, cette étude vise à relever la façon dont ces jeunes décrivent le phénomène de l'intimidation, les effets de celle-ci sur leur vie quotidienne ainsi que les stratégies efficaces de réduction de l'intimidation qu'ils préconisent.

Participation: Je sais que mon enfant n'est pas obligée de participer à cette recherche. S'il décide de participer, sa collaboration consistera essentiellement à prendre part à une entrevue individuelle d'environ une heure avec la chercheure. Pendant cette entrevue, mon enfant va répondre à des questions concernant son regard sur l'intimidation, les effets que ce phénomène entraine sur sa vie ainsi que les stratégies qui pourraient être efficaces pour réduire l'intimidation dans les écoles. Les entrevues sont prévues pour la mi-février, début mars en début d'avant-midi dans un local privé. Je comprends que mon enfant a le droit de refuser de répondre à des questions si elles le rendent inconfortable. Je m'attends à ce que le contenu de ses réponses ne soit utilisé qu'aux fins de cette étude et selon le respect de la confidentialité. Ainsi, aucun nom qui pourrait l'identifier ne sera utilisé dans le rapport de recherche.

Risques: Je comprends que puisque la participation de mon enfant à cette recherche implique qu'il donne de l'information personnelle, il est possible qu'elle crée des inconforts émotionnels légers à certains moments. Par exemple, il est possible que certaines questions lui fassent revivre des expériences déplaisantes ou difficiles. Cependant, j'ai reçu l'assurance de la chercheure que si ceci se produisait, elle arrêterait immédiatement l'entrevue. De plus, au besoin, un suivi pourrait avoir lieu avec les participants auprès de la travailleuse sociale.

Bienfaits: La participation de mon enfant lui permettra de librement partager ses perceptions et son expérience sur l'intimidation afin que son expression de parole soit reconnue comme étant valide. Il pourra également contribuer à améliorer la compréhension des réalités des jeunes qui ont subi de l'intimidation. Ensuite, les acteurs vont pouvoir mieux connaître la réalité de ces jeunes et utiliser ces connaissances sur ce phénomène. Enfin, en améliorant leurs connaissances, ils pourront transformer leurs pratiques afin de mieux répondre aux besoins de ces jeunes.

Confidentialité et anonymat: J'ai l'assurance de la chercheure que l'information que mon enfant partagerait avec elle restera strictement confidentielle puisque des pseudonymes seront utilisés pour identifier les participants lors de l'analyse des données. Je m'attends à ce que le contenu ne soit utilisé que pour la rédaction du mémoire. **L'anonymat** est garanti, aucun nom ou information qui peut identifier mon enfant ne sera mentionné dans le rapport de recherche.

Conservation des données: Les données recueillies soit par enregistrement numérique ne seront écoutées que par Mélanie Lacombe et celles-ci seront effacées au plus tard au mois de septembre 2011. Les transcriptions ne seront lues que par Mélanie Lacombe et Janik Bastien-Charlebois. Les enregistrements et les transcriptions seront identifiés par code, aucun nom ni information permettant d'identifier mon enfant ne paraîtra dans les transcriptions. Elles seront conservées de façon sécuritaire jusqu'en 2016, dans un lieu sûr et verrouillé. Toutefois, je peux refuser que l'entrevue soit enregistrée sur bande audio; auquel cas, la chercheure prendra les notes.

        J'accepte qu'on enregistre l'entrevue
        Je refuse qu'on enregistre l'entrevue
(S.V.P. cochez l'option qui vous convient.)

Participation volontaire: La participation à la recherche est volontaire et mon enfant est libre de se retirer de la recherche en tout temps, avant ou pendant l'entrevue, refuser d'y participer ou refuser de répondre à certaines questions, sans qu'aucun jugement ou conséquence ne soit dirigé envers lui. Si lui ou elle choisit de se retirer de l'étude, les données recueillies jusqu'à ce moment seront supprimées.

Acceptation: Je, (_____), accepte que mon enfant participe à cette recherche menée par **Mélanie Lacombe** de l'Université d'Ottawa, Sciences sociales, Service social, laquelle recherche est supervisée par **Janik Bastien-Charlebois**.
Pour tout renseignement additionnel concernant cette étude, je peux communiquer avec la chercheure **Mélanie Lacombe** jusqu'au 21 avril 2011. Je peux aussi communiquer avec sa superviseure **Janik Bastien-Charlebois**.

Pour tout renseignement sur les aspects éthiques de cette recherche, je peux m'adresser au Responsable de l'éthique en recherche, Université d'Ottawa, Pavillon Tabaret, 550, rue Cumberland, salle 159, Ottawa, ON K1N 6N5
Tél.: (613) 562-5841

Courriel : ethics@uottawa.ca

Il y a deux copies du formulaire de consentement, dont une copie que je peux garder.

_____   _____
Signature du participant   Date

_____   _____
Signature de la chercheuse   Date

Annexe 4 : Formulaire d'assentiment pour enfants

Titre du projet: La perception des jeunes qui subissent de l'intimidation.

Invitation à participer:
Je, _____, suis invité(e) à participer à la recherche de Mélanie Lacombe, étudiante en service social à l'Université d'Ottawa. Le projet est supervisé par Janik Bastien-Charlebois, professeure à l'École de service social à la même université.

Pourquoi je veux faire cette recherche? :
Pour cette recherche, la chercheure aimerait mieux comprendre comment les élèves se sentent quand d'autres jeunes manifestent des comportements qui peuvent les blesser. Par exemple, quand un jeune commence des rumeurs, laisse des élèves de côté, l'appelle des noms, leur fait des menaces et les frappe. Elle aimerait aussi pouvoir entendre tes idées sur ce qu'est l'intimidation, les conséquences de celle-ci ainsi que les trucs que tu utilises pour te protéger.

Qu'est-ce que je dois faire? :
Je sais que je ne suis pas obligée de participer à cette recherche. Mes parents sont aussi au courant que je peux choisir si je veux participer ou non à l'étude. Si je choisis de ne pas participer, même si mes parents acceptent que je participe à la recherche, je n'ai pas besoin de le faire. La chercheure va te poser quelques questions pour environ une heure. Il n'y a pas de bonne ou de mauvaise réponse. Elle veut juste savoir ce que tu penses. Si tu ne comprends pas une question, tu peux lui dire et elle va te l'expliquer. Si tu n'es pas certain(e) ou tu ne veux pas répondre à une question, tu n'as pas besoin d'y répondre.

Qu'elles sont les désavantages possibles? :
S'il y a des questions qui te choquent ou qui te font sentir inconfortable, la chercheure peut en parler plus avec toi, et si tu veux, elle peut organiser une rencontre pour que tu puisses en parler avec la travailleuse sociale de l'école. Tu as le droit de ne pas participer et de ne pas répondre à une question ou de te retirer de la recherche en tout temps, avant ou pendant l'entrevue. On peut prendre une pause ou arrêter l'entrevue n'importe quand que tu le veux.

Est-ce qu'il y a des avantages pour moi? :
Ta participation à la recherche va aider la chercheure à mieux comprendre comment tu te sens quand d'autres élèves utilisent des comportements qui peuvent te blesser. Tes réponses vont aussi pouvoir l'aider à trouver des façons pour que ces actes blessants n'arrivent pas à un autre élève. Enfin, les adultes vont pouvoir utiliser tes idées pour diminuer l'intimidation dans l'école.

Est-ce que d'autres personnes sauront que je participe à cette recherche? Tout ce que tu vas dire à la chercheure aujourd'hui va rester entre elle et toi. Elle ne va pas répéter à personne les choses dont tu as parlé. Le seul temps où elle doit dire à quelqu'un ce qu'un jeune lui a dit, c'est s'il lui dit qu'un adulte l'a abusé physiquement ou s'il lui dit que quelqu'un l'a touché d'une façon qui l'a rendu inconfortable.

Qu'est-ce qu'on va faire avec les résultats? : Je peux refuser que l'entrevue soit enregistrée. Si c'est correct avec toi, la chercheure va enregistrer l'entrevue.

        J'accepte qu'on enregistre l'entrevue
        Je refuse qu'on enregistre l'entrevue
(S.V.P. cochez l'option qui vous convient.)

Acceptation: Je (_____), accepte de participer à la recherche de **Mélanie Lacombe** de l'Université d'Ottawa qui est supervisée par **Janik Bastien-Charlebois**.

_____   _____
Signature du participant   Date

_____   _____
Signature de la chercheuse   Date

Oui, je veux morebooks!

i want morebooks!

Buy your books fast and straightforward online - at one of world's fastest growing online book stores! Environmentally sound due to Print-on-Demand technologies.

Buy your books online at
www.get-morebooks.com

Achetez vos livres en ligne, vite et bien, sur l'une des librairies en ligne les plus performantes au monde!
En protégeant nos ressources et notre environnement grâce à l'impression à la demande.

La librairie en ligne pour acheter plus vite
www.morebooks.fr

 VDM Verlagsservicegesellschaft mbH
Heinrich-Böcking-Str. 6-8   Telefon: +49 681 3720 174   info@vdm-vsg.de
D - 66121 Saarbrücken   Telefax: +49 681 3720 1749 www.vdm-vsg.de

Printed by
Schaltungsdienst Lange o.H.G., Berlin